Andreas Bahr

Realisierung virtueller Organisationen mit Hilfe des „Virtual Organisation Membership Service“ (VOMS)

GRIN - Verlag für akademische Texte

Der GRIN Verlag mit Sitz in München hat sich seit der Gründung im Jahr 1998 auf die Veröffentlichung akademischer Texte spezialisiert.

Die Verlagswebseite www.grin.com ist für Studenten, Hochschullehrer und andere Akademiker die ideale Plattform, ihre Fachtexte, Studienarbeiten, Abschlussarbeiten oder Dissertationen einem breiten Publikum zu präsentieren.

Dokument Nr. V134467 aus dem GRIN Verlagsprogramm

Andreas Bahr

Realisierung virtueller Organisationen mit Hilfe des „Virtual Organisation Membership Service“ (VOMS)

GRIN Verlag

Bibliografische Information Der Deutschen Bibliothek: Die Deutsche Bibliothek verzeichnet diese Publikation in der Deutschen Nationalbibliografie; detaillierte bibliografische Daten sind im Internet über http://dnb.ddb.de/ abrufbar.

1. Auflage 2005

http://www.grin.com/
Druck und Bindung: Books on Demand GmbH, Norderstedt Germany
ISBN 978-3-640-40784-2

Studienarbeit

Thema:

Realisierung virtueller Organisationen mit Hilfe des „Virtual Organisation Membership Service“ (VOMS)

Andreas Bahr
Universität Paderborn

Inhalt

Anhang

Kapitel 1
Einführung

Komplexe wissenschaftliche Probleme, vor allem aus dem Bereich der Naturwissenschaften – wie Hochenergiephysik, Bioinformatik oder Raumfahrt, um nur einige zu nennen – verlangen in zunehmendem Maße nach technischen Ressourcen, wie Rechenleistung sowie die Kapazität von Datenspeichern und stoßen dabei an die Grenzen des gegenwärtig möglichen technologischen Fortschritts. Obwohl mit Parallelarchitekturen und für spezielle Anwendungsgebiete entworfenen Computersystemen große Anstrengungen unternommen werden, ist der Bedarf nach skalierbaren, zuverlässigen und kosteneffizienten Ressource so groß wie selten zuvor.

Das GRID-System wurde entworfen, die Probleme begrenzter technischer Ressourcen durch die Implementierung paralleler, (geographisch) verteilter, heterogener Computersysteme zu lösen und auf diese Weise ein dem Bedarf angemessen wachsendes System zu schaffen. Ein einheitlicher Zugriff zu verteilten Ressourcen auf heterogenen Systemen ist der Kern eines GRID Systems. Das GRID ermöglicht durch die Implementierung einer Middleware die Nutzung von technischen Ressourcen ohne Rücksicht auf die geographische bzw. technische Zugehörigkeit. Auf diese Weise können die kapazitären Beschränkungen der Computertechnik zwar nicht völlig überwunden allerdings weitreichend kompensiert werden. Dabei zielten aktuelle Forschungen und Anwendungen des GRIDs zunächst wie eingangs beschrieben hauptsächlich auf nicht-kommerzielle Forschungsaufgaben. Da die Lösung komplexer mathematischer und naturwissenschaftlicher Probleme auf Parallelarchitekturen und hochgradig verteilten Systemen, denn vornehmlich dafür wurde das GRID entworfen, ressourcen- und damit kostenintensiv ist, rücken zunehmend auch kommerzielle Projekte ins Licht der Betrachtung.

Im Zeitalter der Globalisierung und der zunehmenden multi- bzw. internationalen Ausrichtung von Forschung und Wirtschaft gewinnt die Arbeit mit verteilten Ressourcen sowie die Verwaltung komplexer Strukturen und großer Datenbestände an Relevanz. GRID-Systeme können in betriebswirtschaftlichen Szenarien in Zukunft eine wesentliche Rolle spielen, besonders bei datenintensiven Prozessen aus den Bereich Forschung und Entwicklung (F&E), Produktionsplanung sowie Human Resources (HR). Momentan werden hier hauptsächlich homogene Systeme eingesetzt, die teilweise mit großem Aufwand gewartet und ständig erweitert werden. Die Einsatzfähigkeit muss dabei häufig für jedes neue Projekt einzeln untersucht werden. Ein GRID-System kann durch seine Universalität, Erweiterbarkeit und geografische sowie technische Unabhängigkeit hier einen guten Beitrag leisten, die Verwaltung und Nutzung von IT-Infrastrukturen im betrieblichen Umfeld wesentlich zu optimieren. Durch einen einheitlichen und auf weite Teile des Unternehmens erweiterbaren Zugriff auf ein solches System lässt sich zudem die Ausnutzung der vorhandenen Ressourcen verbessern wodurch sich Investitionen schneller amortisieren. Um GRID-Systeme in kommerziellen betriebswirtschaftlichen Szenarien einzusetzen ist es notwendig, den Zugriff auf verteilte Ressourcen um die Modellierung hierarchischer Organisationsstrukturen zu erweitern und diese Strukturen, die oft Entscheidungsprozesse abbilden, auf die Authorisation beim Zugriff auf Ressourcen anzuwenden. Die Zugriffshoheit eines lokalen Administrators auf die entsprechenden Ressourcen wird weiterhin Bestand haben müssen, da dies grundlegend für die Architektur eines GRID ist, allerdings ist der Stellenwert dieses Prinzips wesentlich geringer als im Umfeld von verteilten Forschungsprojekten. Das elementare Prinzip der Authorisation auf Basis von Zertifikaten kann ohne weiteres beibehalten werden, hat sich dies doch vor allem in vielen großen Unternehmen bereits bewährt. Da häufig bereits alle Mitarbeiter mit Zertifikaten ausgestattet sind bzw. zentrale Zertifizierungsstellen existieren, kann diese Sicherheitsinfrastruktur genutzt und optimal eingebettet werden in den Entwurf eines GRID-Systems. Dadurch wird auch die Kompatibilität zu anderen GRID-Systemen gewahrt.

Um GRID-Systeme in ihrer Anwendung für kommerzielle, betriebswirtschaftliche Szenarien zu öffnen, wurden einige Forschungsprojekte initiiert, welche die herkömmlichen Zugriffs- und Sicherheitsmechanismen um die Modellierung sogenannter virtueller Organisationen erweitern. Virtuelle Organisationen bezeichnen dabei zunächst ganz allgemein den koordinierten Zugriff auf Ressourcen und die Problemlösung in dynamischen, geographisch verteilten Systemen. Entscheidend ist dabei das Vorhandensein von klaren Regeln, die definieren, welche Ressourcen für wen unter bestimmten Bedingungen zur Verfügung stehen.[1] Es sind vor allem die dynamische Veränderung und die starke Hierarchisierung der Strukturen, die eine virtuelle Organisation beschreiben. Genauere Merkmale und Kriterien werden zu entwickeln sein, um zu beschreiben, welche Eigenschaften ein GRID-System haben muss, um im kommerziellen Umfeld eines Unternehmens eingesetzt zu werden. Anhand dieser Kriterien ist dann zu beurteilen, ob ein Einsatz in einem exemplarisch ausgewählten Szenario möglich wäre.

Die Entwicklung ist allerdings nicht nur in einer Richtung zu betrachten. Nicht nur, dass die Wirtschaft von einem effizienten, nach den Anforderungen virtueller Organisationen erweiterten GRID-System profitieren kann, vielmehr

1 Ian Foster, Carl Kesselman, Steven Tuecke: The Anatomy of the GRID – Enabling Scalable Virtual Organisations

erweitert dieser Blickwinkel auch die Architektur des GRIDs ganz wesentlich. Nicht nur die Skalierbarkeit und Verfügbarkeit von technischen Ressourcen sondern auch die Portierbarkeit des GRIDs in verschiedene Anwendungsbereiche steht hier im Zentrum der Betrachtung. Die Anforderungen der Integration von virtuellen Organisationen beim Zugriff auf Ressourcen kann auch als eine Art Metaeigenschaft des GRIDs gesehen werden, seine Architektur an verschiedenste Strukturen anpassen zu können. Auf diese Art wäre es ebenfalls einfach, den Ressourcenzugriff für große Forschungsnetzwerke zu regeln, bei denen es vermehrt auf Zuverlässigkeit und Verfügbarkeit der Systeme ankommen wird, sobald die ersten GRID-System den Status der Testphase verlassen.

Im Rahmen dieser Arbeit soll untersucht werden, ob die Erweiterung eines GRID-Systems zur Abbildung virtueller Organisationen möglich ist. Dazu wird der Virtual Organisation Membership Service (VOMS) als Erweiterung eines Globus-Systems anhand eines realistischen Beispiels aus der Wirtschaft untersucht werden. Ich werde im folgenden zunächst als wissenschaftliche Basis die GRID-Architektur, die aktuellen Anwendungen sowie den Begriff der virtuellen Organisation betrachten. Dies geschieht wesentlich in den Kapiteln 1 und 2. Als Ergebnis werden auf der Basis des zu beschreibenden Szenarios in 2.3 und 2.4 Kriterien und Anforderungen für eine effiziente kommerzielle Nutzung in der Wirtschaft abgeleitet, die von einem GRID-System in diesem Umfeld erfüllt werden müssen. Beginnend mit Kapitel 2.5 wird der Virtual Organisation Membership Service (VOMS) als möglich Lösung vorgestellt. Die detailiert Vorstellung des Systems sowie dessen Anforderungen erfolgt im Verlauf des Kapitels 3. Dabei werden permanent Anregungen gegeben, die im Kapitel 4 in einer Analyse der Systemarchitektur und Funktionsweise des VOMS zusammengeführt werden. Aufgeteilt ist die Analyse in eine theoretische und praktische Teilevaluation. Im praktischen Teil wird die vorgestellte Modellierung mit Hilfe des VOMS implementiert und getestet. Dabei dient als Basis eine realistische Organisationsstruktur eines mittelständischen, multinational tätigen Unternehmens, welche bereits in Kapitel 2 betrachtet wird. Abschließend sollen so in Kapitel 5 die theoretischen und praktischen Erkenntnisse zusammengefasst werden um die Einsatzfähigkeit eines GRID-System in betriebswirtschaftlichen Szenarien zu beurteilen. Dazu werden die Ergebnisse der Evaluation sowie erkannte Schwachstellen zusammengetragen und Lösungsansätze verdeutlicht. Es wird dargestellt, welche Möglichkeiten und Potentiale das GRID und Virtuelle Organisationen heute bereits bieten und welche Entwicklungen bzw. Erweiterungen für die Zukunft notwendig sind.

1.1 – GRID Computing

Das GRID-Computing basiert auf der Idee, dass technische Ressourcen, insbesondere Rechenleistung und Datenspeicher, nicht länger nur von einzelnen, geographisch zusammenhängenden Rechensystemen, wie z.B. Supercomputern oder Computerclustern erbracht werden, sondern vielmehr durch die Vernetzung dieser und die damit einhergehende Virtualisierung der Ressourcen eine Architektur geschaffen wird, die in ihrer Rechenleistung theoretisch unbeschränkt ist. Durch die wachsende Vernetzung der weltweit vorhandenen Computersysteme, wie beispielsweise durch das Internet, soll es in einem GRID möglich sein, beliebige, heterogene Systeme zu einem virtuellen System zu kombinieren. Auf diese Art und Weise soll, so das Ziel der GRID-Architektur, der ständig steigenden Bedarf nach Rechenleistung durch einfache Skalierung bedient und die Abhängigkeit von technischen Beschränkungen vermeiden werden. Ein weiterer wichtiger Aspekt ist die effiziente Ressourcennutzung. Betrachtet man, dass die bekannten Großrechner-Systeme nach Einschätzung von Experten im Jahr 2003 im Schnitt nur zu höchstens 20% ausgelastet waren[2], können durch eine stärkere Ausnutzung der Ressourcen die Infrastrukturkosten für aufwendige Rechenprojekte deutlich gesenkt werden können.

Die zunehmende weltweite Vernetzung durch das Internet und spezielle Forschungsnetzwerke ermöglichen im Prinzip einen einfachen, kaum begrenzten Datenaustausch. Auf der Basis des Nachrichtenaustauschs über Netzwerke implementiert ein GRID-System eine virtualisierte, einheitliche Sicht dezentraler, verteilter Ressourcen, bildet also ein einzelnes, virtuelles Computersystem. Der Zugriff erfolgt über standardisierte Protokolle, die es ermöglichen, die Funktionen des GRID ohne Rücksicht auf die zu Grunde liegenden Systemarchitekturen zu nutzen. Die zentralen Designziele eines GRIDs lassen sich mit den folgenden fünf Bereiche zusammenfassen:

- einheitlicher Zugriff auf global verteilte Ressourcen
- ständige Gewährleistung maximaler Sicherheit bei allen Transaktionen
- Lastverteilung zwischen den Teilsystemen für effiziente Ressourcennutzung
- Überwindung geographischer Abhängigkeiten
- Implementierung offener Standards

Im Zentrum der Betrachtung steht die Annahme, dass global verteilte Ressourcen in unterschiedlichen administrativen Domains vorkommen, sie also über unterschiedliche Hard- und Software sowie über verschiedene Sicherheitsvorschriften und Zugriffsregeln verfügen. Daraus folgt, dass

2 gemäß Veröffentlichung einer Studie der Fachzeitschrift c't zur CeBIT 2003

zwischen den beteiligten Systemen ein gemeinsamer Sicherheitsstandard in Form eine Protokolls implementiert werden muss, welches den Zugriff auf Ressourcen ohne genaue Kenntnis der zugreifenden Instanz ermöglicht, gleichzeitig jedoch die lokalen Ressourcen vor unbefugtem Zugriff schützt und ein größtmögliches Maß an Kontrolle über diese bietet.

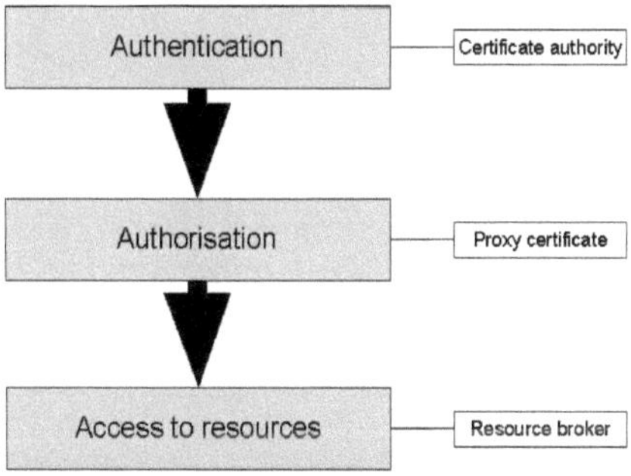

Abbildung 1: Ablauf beim Zugriff auf Ressourcen im GRID

Bevor ein Zugriff auf Ressourcen in einem GRID erfolgen kann, muss der Benutzer sich authentifizieren. Dies geschieht über eine „Certificate Authority“ (CA), die ein Zertifikat basierend auf dem X.509 Standard erstellt und dieses signiert. In diesem Zertifikat sind neben Angaben zur Version, dem Signaturalgorithmus, der Gültigkeit und dem Herausgeber vor allem auch das sogenannte „Subject“ und der dazugehöriger „Public Key“ enthalten. Das „Subject“ identifiziert den Benutzer mit Namen, Organisation, Ort und weiteren Merkmalen, aus denen ein „distinguished name“ (DN) gebildet wird. Um den entfernten Zugriff auf Ressourcen bei oft transitiver Kommunikation über zwischengelagerte Instanzen zu ermöglichen, ohne das Zertifikat des Benutzers übergeben zu müssen, wird ein „Proxy-Zertifikat“ erstellt, das, gekennzeichnet durch eine sehr kurze Gültigkeit, das Benutzerzertifikat im GRID repräsentiert. Mittels Iteration durch die „signature chain“ des Zertifikats werden die dem GRID-System bekannten, vertrauenswürdigen „Certificate Authorities“ mit den Signaturen des Proxy-Zertifikats verglichen. Wird der Benutzer als vertrauenswürdig erkannt, erfolgt als nächster Schritt die Authorisation auf dem GRID. Abbildung 2 zeigt die Authentifizierung und Autorisierung eines Benutzers an einem, zunächst abstrakt dargestellten, GRID.

Neben der ersten Stufe der Autorisierung, der Überprüfung des Zertifikats auf Vertrauenswürdigkeit, erfolgt dezentral eine weitere Überprüfung, wobei die angeforderte Ressource anhand eigener Sicherheitsregeln den Zugriff prüft. Die Informationen im „Subject“ des mitgelieferten Proxy-Zertifikats werden mittels des „gridmap files“ den lokalen Zugriffsregeln zugeordnet. Abhängig von den ressourcen-spezifischen Einstellungen wird dann der Zugriff erlaubt oder abgelehnt. Dies erfolgt getrennt von der Prüfung der „signature chain“. Einem Benutzer kann also auch dann der Zugriff auf eine bestimmte Ressource verweigert werden, wenn dieser als vertrauenswürdig eingestuft wurde, weil sich in der „signature chain“ eine gültige „Certificate Authority“ befindet. Diese Methode garantiert die größtmögliche Sicherheit für die einzelnen, am GRID beteiligten Ressourcen. Es ermöglicht einen differenzierten Zugriff auf einzelne Teile des Netzes, während nicht automatisch alle Ressourcen offengelegt werden.

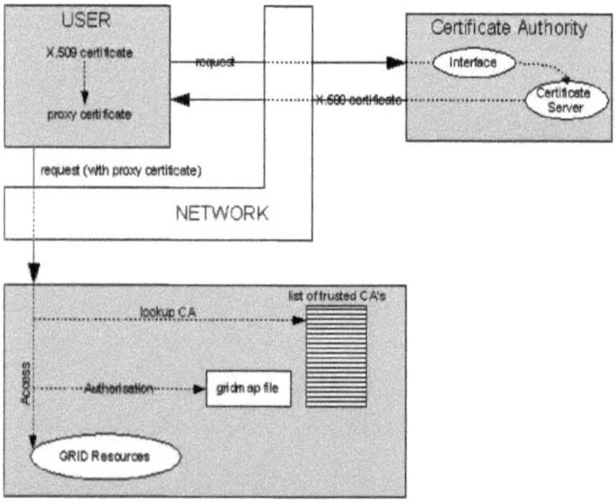

Abbildung 2: Authentifizierung und Autorisierung im GRID

Der Zugriff auf die im GRID verteilten Ressourcen beginnt mit der Anfrage an den „Resource Broker“ (RB), der wiederum Zugriff auf den „Information Index“ hat, wo sich die nötigen Informationen über die verfügbaren Ressourcen befinden. Ressourcen können nach einfachen Kriterien, wie Art und z.B. Rechenleistung, aber auch auf komplexere Muster wie beispielsweise „Quality of Service“ oder Eignung für die Lösung bestimmter Aufgaben abgefragt werden. So kann es sinnvoll sein, für die Berechnung ganz bestimmter mathematischer Aufgaben eine Ressource auszuwählen, die mit speziellen Befehlssätze ausgestattet ist.

Das Job-Scheduling wird dann an die lokalen Ressourcen übergeben. Diese werden durch die sogenannten „Computing Elements“ (CE) repräsentiert, die ihrerseits wiederum den Zugriff auf einen oder mehrere „Worker Nodes“ sowie

„Storage Elements“ steuern. Ein „Worker Node“ ist das ausführende Element, welches die Berechnungen durchführt. Die „Storage Elements sind für die Speicherung der Daten, die für die Berechnung notwendig sind, verantwortlich. Die Datenspeicherung erfolgt dabei nicht nur auf dem direkt zu einer CE gehörenden „Storage Element“, sondern redundant auch auf anderen Speicherressourcen im GRID. Dazu verwaltet ein „Replica Manager“ eine Liste mit Informationen über die Replikation der Daten auf dem GRID. Dazu greift er auf einen „Replica Catalog“ zu, in dem diese Informationen abgelegt werden. Das dient unter anderem auch dazu, Daten von entfernt verteilten Ressourcen näher am anfragenden Client abzulegen, um Bandbreiten und Netzwerkzugriffe zu optimieren.

Da der „Resource Broker“ zentral die zu bearbeitenden Jobs auf die einzelnen Ressourcen aufteilt, kann hierbei auch eine Lastverteilung vorgenommen werden. Die Verteilung z.B. auf einzelne Prozessoren eines Mehrprozessorsystems betrifft dies nicht, da der „Resource Broker“ keinen Einfluss darauf hat, wie die Abarbeitung des Jobs von den „Computing Elements“ auf die „Worker Nodes“ verteilt wird. Dies wird durch lokale Implementierungen gewährleistet. Der „Resource Broker“ kann allerdings aufzeichnen, ob und wie viele Jobs einzelnen Ressourcen zugeordnet sind. Abhängig davon können neue Jobs an weniger ausgelastete Ressourcen verteilt werden. Weiterhin können den Ressourcen zusätzliche Informationen zu deren besonderer Eignung für bestimmte Aufgaben zugeordnet werden, wie z.B. das Vorhandensein eines bestimmten spezialisierten Befehlssatzes in einer Ressource. Abhängig von dieses Informationen, die im „Information Index“ abgelegt sind, kann der „Resource Broker“ nach dem Kriterium der „Quality of service“ das Job-Scheduling optimieren. Ein weiterer Aspekt der Lastverteilung betrifft weniger die Last an den „Computing Elements“, sondern vielmehr die Netzwerklast, die zunehmend zum entscheidenden Faktor der Performance einer Berechnung in einem verteilten System wird. Um diese Last zu optimieren werden, wie bereits erwähnt, die Daten eines Jobs in Kopien möglichst geografisch nahe am Initiator des Jobs abgelegt, um die zu transportierende Datenmenge zu minimieren. Zusätzlich hat man dadurch auch die Möglichkeit nur die veränderten Teile der Daten über das Netzwerk zu bewegen. Um das Ergebnis einer Berechnung oder Aktion zum Benutzer zurückzugeben, benachrichtigt das „Computing Element“ den „Resource Broker“ über den geänderten Status des Jobs. Der „Resource Broker“ ermittelt mit Hilfe des „Replica Manager“ aus dem „Replica Catalog“ das zu dem Job gehörige „Storage Element“ und ruft das Ergebnis des Jobs dort ab. Dieses wird nun vom Resource Broker zurück zum Initiator des Jobs geschickt.

1.2 – Virtuelle Organisationen

Die Definition der Systemarchitektur bietet die technische Basis für jedes GRID-System. Entscheidend für den Erfolg dieser Technologie ist allerdings auch die effiziente Nutzbarkeit. Um den Zugriff auf ein GRID durch viele verschiedenartige Nutzergruppen abzubilden, verwendet man den Begriff einer virtuellen Organisation. Damit bildet man eine Reihe verschiedenartiger Organisationsstrukturen ab, die beim Zugriff auf ein GRID auftreten können. Dies umfasst wissenschaftliche Forschungsteams genauso, wie komplette Unternehmen oder auch nur Teile von diesen. Zentrales Element ist dabei, dass reale Strukturen auf eine virtuelle Organisation im GRID abgebildet werden um diese technisch verwaltbar und umsetzbar zu machen. Besonders interessant ist dies für die Verteilung von Zugriffsrechten, aber auch für Abrechnungsmodalitäten oder Kommunikationsrollen in verteilten Projekten. Es müssen Vererbungshierachien, Zugriffsrestriktionen und unterschiedliche Abhängigkeiten zwischen Gruppen und Personen abgebildet werden, um ein GRID für die effiziente, gruppenorientierte Arbeit einzusetzen.

Für Unternehmen aus der Wirtschaft wird es zunehmend interessant, GRIDs zu nutzen, da Anwendungen mit hohem Ressourceneinsatz häufiger werden, die finanziellen Möglichkeiten jedoch zunehmend eingeschränkt sind. Daher wird eine besonders effiziente Nutzung von technischen Systemen auch für die Wirtschaft in vielerlei Hinsicht interessant, zumal häufig die IT-Ressourcen von Unternehmen bei weitem nicht ausgelastet sind. Die heterogene Systemlandschaft mit einer Vielzahl spezialisierter, lokaler Sicherheitsmechanismen ist außerdem nur aufwendig zu administrieren und es fehlt meist an einheitlichen Zugriffskonzepten. Der Einsatz eines GRID-Systems im betrieblichen Umfeld liegt also auf der Hand. Die Umsetzung von Organisationsstrukturen ist allerdings unabdingbar für die Nutzbarkeit eines GRID-Systems in einem Unternehmen. Die Modellierung einer virtuellen Organisation ist dabei nicht nur notwendig, sondern kann gleichzeitig auch hilfreich sein für den Wirtschaftsalltag effiziente, flexible aber gleichzeitig wohl-definierte Strukturen zu finden, die häufig in der Realität nicht vorhanden sind. Im folgenden soll daher genauer betrachtet werden, was notwendig ist, um eine virtuelle Organisation in einem GRID-System zu modellieren. Anhand eines konkreten Szenarios aus einem mittelständischen Unternehmen werden beiderseitige Anforderungen entworfen, sowohl solche, die an die Definition der virtuellen Organisation zu stellen sind, als auch solche, welche die Umsetzung der Modellierung im GRID betreffen. Von der Erfüllbarkeit der Anforderungen wird es abhängen, ob ein Einsatz des zu beschreibenden Systems zur Modellierung von VO's in einem Unternehmen als möglich erscheint.

1.2.1 – VO's und GRID-Systeme

Welche Bedeutung haben nun virtuelle Organisationen für GRID-Systeme und an welchen Stellen spielen sie eine Rolle? Wie bereits beschrieben betreffen virtuelle Organisationen hauptsächliche die Usability, also die Nutzbarkeit der technischen Systeme für einen größeren Kreis von Benutzern. Man könnte also sagen, ein GRID-System erschließt sich erst durch eine adäquate Modellierung und Umsetzung von Zugriffsstrukturen einem breiten Kreis von Anwendungen, denn die bisherige Praxis der Authentifizierung und Autorisierung ist mit ihren stark manuellen und von der lokalen Ressource abhängigen Elementen weitgehend nur für die Forschung am GRID mit relativ starren Strukturen geeignet.

Selbst für die Nutzung im Forschungszusammenhang ergeben sich dabei weitere Aspekte. Die Autorisation von Zugriffen auf lokale Ressourcen kann über die Modellierung und Implementierung virtueller Organisationen automatisiert und flexibilisiert werden. Schafft man ein System mit festen Regeln für Rollen und Berechtigungen, also eine virtuelle Organisation, und implementiert man dies bei der Zugriffskontrolle der lokalen Ressourcen, so existiert damit eine Art Framework um nahezu beliebige neue Benutzerstrukturen auf einem GRID-System abzubilden. Die Schwierigkeit dabei ist, dass ein Konflikt zwischen verteilten, ressourcenunabhängigen und standardisierten Protokollen, Diensten und Aktionen auf der einen und der Zugriffshoheit des lokalen Administrators auf der anderen Seite besteht. Während das GRID-System selbst darauf ausgelegt ist, Informationen über dessen Zugriffslogik zentral zu verwalten, ist man bei nahezu allen Aktionen darauf angewiesen, dass eine entsprechende Autorisierung des Zugriffs an der lokalen Ressource erfolgt. Dies in einem heterogenen, hochgradig verteilten Netzwerk mit einer hohen Zahl von unabhängigen Teilnehmern zu garantieren, ist die eigentliche Herausforderung bei der Umsetzung von virtuellen Organisationen.

Denkbar ist, dass man um schrittweise bei der Lösung des Problems voranzukommen, die Umsetzung aufteilt. So könnte man die Autorisierung für Zugriffe auf Protokolle, Dienste und Applikationen aus der GRID Middleware unabhängig von den Mechanismen der lokalen Ressourcen implementieren. Anschließend würde man dann, aufbauend auf der selben Infrastruktur die Umsetzung für Zugriffe auf lokale Ressourcen in Angriff nehmen. Auf diese Art und Weise würde man zunächst eine Art Pseudo-Struktur in einem GRID-System implementieren, deren Reichweite sich lediglich auf die GRID Middleware und nicht auf die Ressourcen beziehen würde.

1.2.2 – (Virtuelle) Organisationen in der Praxis

Existierende GRID-Systeme befinden sich hauptsächlich im Stadium der Forschung an dieser innovativen Materie. Werden sie in praktischen Szenarien eingesetzt, so handelt es sich zumeist um Forschungsprojekte aus den eingangs beschriebenen Wissenschaftlichen Bereichen. Vermehrt bemüht man sich jedoch durch die Einrichtung von Unternehmensworkshops und -foren den Kontakt und die tatsächliche Anwendung in der Wirtschaft herzustellen. In der Praxis trifft man auf einige kommerzielle Projekte[3], die entweder Software für das GRID entwickeln oder selbst GRID-Systeme in ihrem Unternehmen einsetzen. Zu den prominentesten Vertretern gehören IBM, SUN und Oracle, die jeweils spezialisierte Lösungen für Unternehmen anbieten. Beispielsweise setzt Ford ein von SUN entwickeltes GRID-System zur Berechnung des Fahrzeug-Designs ein, Motorola betreibt ein ähnliches System zur Optimierung des Designs von Chipsätzen. Der Entertainment-Konzern Electronic Arts verwendet ein GRID-basiertes Datenbanksystem, das von Oracle angeboten wird. IBM hat bereits für eine Vielzahl von verschiedenen Anwendungsfelder GRID-Systeme entworfen und umgesetzt. So werden GRIDs an Universitäten eingesetzt, um Rechnerressourcen für möglichst viele Forschungsgruppen zugängig zu machen. Versicherungen und Finanzunternehmen verwenden GRIDs um damit aufwendige Risiko- und Szenario-Berechnungen durchzuführen. Darüber hinaus gibt es eine Vielzahl von weiteren bereits existierenden praktischen Anwendungen. In vielen Fällen betrifft die Umsetzung abgegrenzte Systeme mit einer relativ statischen und begrenzten Ressourcenstruktur. Der Nutzerkreis ist meist deutlich eingeschränkt, wenn gleich die Implementierung im Umfeld eines mittleren oder großen Unternehmens sehr hohe Anforderungen an die Modellierung und Integration von bestehenden Unternehmensstrukturen stellt. Die Repräsentation von Organisationsstrukturen in Form von virtuellen Organisationen im GRID-System ist unabdingbar. Gerade in der Flexibilisierung und Automatisierung der Zugriffskontrolle besteht großes Potential zur Optimierung der Unternehmensprozesse sowie zur Erhöhung der Nutzbarkeit und gleichzeitig der Sicherheit solcher Systeme.

GRID-Systeme, die in Unternehmen zum Einsatz kommen, stellen in dieser Hinsicht höhere Anforderungen an die Integration einer Organisationsstruktur als die beschriebenen Forschungsprojekte, da sie meist auf komplexen existierenden Strukturen aufsetzen. Aus diesem Grund wird in dieser Arbeit die Modellierung und Implementierung von virtuellen Organisationen aus dem Blickwinkel eines Business-Szenarios betrachtet und bewertet.

3 The GRID Cafe, CERN IT Devision Schweiz, http://gridcafe.web.cern.ch/gridcafe/gridprojects/industry.html

Kapitel 2
Virtuelle Organisationen im Detail – von der Struktur zum System

Um Kriterien für die Modellierung einer virtuellen Organisation aufstellen zu können, starten wir mit einem Business-Szenario, das die Grundlage für die folgenden Betrachtungen bietet. Auf der Basis von Gruppen, Rollen, Strukturen und Personen soll eine virtuelle Organisation mit dazugehörigen Rechten und Ressourcen modelliert werden. Die Modellierung stellt dabei eines der wichtigsten Elemente dar, um eine Struktur aus dem Wirtschaftsalltag in eine Form zu überführen, die es ermöglicht, mit geringem zeitlichen und organisatorischen Verlust diese auch innerhalb eines komplexen technischen Systems wie z.B. einem GRID-System aufrechtzuerhalten. Bei der Modellierung werden sich in der folgenden Betrachtung allerdings immer wieder verschiedene Möglichkeiten herausstellen, einen bestimmten Sachverhalt umzusetzen. Man kann also kein eindeutiges Modell aus einem Szenario ableiten. In vielen Fällen gibt es mehrere Varianten, die zunächst alternierend auftreten. Sie bieten in einigen Fällen die Möglichkeit, technische Schwierigkeiten bei der späteren Umsetzung zu vermeiden. So ergibt sich im Gesamtbild ein Modell, dass in Teilen abweicht bzw. unterschiedliche Methoden wählt. In einigen Fällen des im Folgenden beschriebenen Beispiels wird dies deutlich und dann auch entsprechend beschrieben.

2.1 – Modellierung einer VO

Für die effiziente und gute Abbildung einer tatsächlichen Struktur auf eine virtuelle Organisation benötigen wir zunächst einige Festlegungen. Was definiert eine effiziente und gute Modellierung, von welchen Elementen wird bei der Beschreibung eines Modells Gebrauch gemacht. Ferner ist festzulegen, woran man beurteilen kann, ob eine Modellierung zum einen der tatsächlichen Struktur entspricht, zum anderen technisch in einem GRID-System umsetzbar ist. Entscheidend für die Grundlage der zu beschreibenden Modelle ist es, dass diese einfach und ohne Verlust an Semantik in einem GRID-System bzw. in diesem konkreten Fall mit Hilfe des Virtual Organisation Membership Service umsetzbar sind. Daher wähle ich für die Beschreibung die Grundelemente Organisation, Gruppe, Untergruppe, Rolle, Berechtigung und Person. Da, wie sich später zeigen wird, diese Elemente direkte Entsprechungen im VOMS besitzen, ist damit die Grundlage gelegt für eine Modellierung, die hinsichtlich ihrer technischen Umsetzbarkeit bewertbar ist. Das Kriterium der treffenden Abbildung realer Strukturen und Prozesse ist damit ebenfalls zu erfüllen, da sich die Mehrzahl der Geschäftsprozesse auf eine hierarchische Struktur mit Rollenbeschreibungen zurückführen lässt. Es ergeben sich jedoch Konflikte, die, wie eingangs beschrieben, zu teilweise alternierenden bzw. abweichenden Modellen führen.

Zwei grundlegende Varianten ergeben sich bei der Modellierung von Hierarchien bzw. der Gruppen-Untergruppen-Relation. In Variante A kann man eine Hierarchie entsprechend mit einer Baumstruktur abbilden, an deren Kanten man Vererbungseigenschaften darstellen kann. Dabei werden, vereinfacht ausgedrückt, Berechtigungen vom Blattknoten in Richtung Wurzel vererbt, was bedeutet, dass die Gruppe, die als Wurzelknoten modelliert ist, die in der Hierarchie am höchsten stehende ist. Diese Vererbungen gelten zwar nur mit Einschränkungen wie sich später herausstellen wird, aber man kann allgemein sagen, dass die jeweils übergeordneten Elemente die Eigenschaften ihrer Untergruppen erben. Bei Variante B werden die Gruppen und Untergruppen nicht als Knoten, sondern als Teilmengen modelliert. Hierbei ergibt sich eine Umkehrung der Vererbung, indem alle Teilmengen einer Menge deren Eigenschaften erben. Mitglieder einer bestimmten Teilmenge sind damit auch gleichzeitig Mitglieder der einschließenden Menge. Beide Varianten sind in realen Szenarien anzutreffen, oft nicht isoliert voneinander, sondern vermischt. Die Teilmengen-Modellierung ist beispielsweise hervorragend geeignet, um gemeinsame Eigenschaften effizient abzubilden. Eine eindeutige Differenzierung bei der Zuordnung von Berechtigungen und Eigenschaften ist darüberhinaus ohne weiteres möglich, das diese nur bedingt durch Vererbungen weitergegeben werden. Variante A, also die Baumstruktur, hingegen entspricht häufig dem Verständnis sowie den vorhandenen Modellierungen im Geschäftsumfeld. Durch die besondere Stellung von Elternknoten bzw. dem Wurzelknoten ist dieses Modell besonders geeignet, um Entscheidungsprozesse und Autoritätseigenschaften darzustellen. In einigen Fällen unseres Szenarios wird sich dieser Konflikt nicht vollständig auflösen lassen. Auf Grund der notwendigen Vererbungsregeln ist die Baumstruktur komplexer und schwieriger mit klaren Regeln umzusetzen, was im weiteren Verlauf dieses Kapitels dargelegt wird. Das Teilmengen-Modell ist hier zwar einfacher zu modellieren und auch umzusetzen, kann aber in einigen Fällen, die angesprochen werden, das reale Szenario nicht angemessen darstellen.

2.2 – Business-Szenario

Wir betrachten ein mittelständisches Unternehmen aus der Werbe- und Medienbranche. Kerngeschäft des Unternehmens ist die Produktion und Optimierung von Werbeanzeigen im TV- und Printbereich. Die beworbenen Produkte stammen weitestgehend aus dem Medien- und Entertainmentbereich. Im Zentrum dieses Szenarios soll der komplexe Marketing-Prozess stehen, der die Sammlung und Auswertung großer Datenbestände, deren Analyse und Einfluss auf den Produktionsprozess umfasst. Zu jeder Anzeige werden Daten gewonnen, die darüber Auskunft geben, wie erfolgreich die Produkte beworben wurden. Zum Einsatz kommt als zentrale Methoden eine minütliche Messung von sogenannten Direct-Response-Daten mit der dazugehörigen Aggregation dieser Daten in Form einer Betrachtung von relativen Kosten pro Anzeige bzw. pro beworbenem Produkt. Effekte, die nicht über diese Methode gemessen werden können, weil z.B. keine direkte Reaktion der Kunden erfolgt, werden über verschiedene statistische Verfahren abgebildet. Mittels der Wahrscheinlichkeit der Zugehörigkeit einer Reaktion zu einer Anzeige sind auch hier Auswertungen mit entsprechend geringerer Präzision möglich.

Die gewonnenen Daten fließen in den Entscheidungsprozess zur Produktion und Platzierung von neuen Werbeanzeigen und Produkten ein. Dabei bilden die errechneten relativen Kosten, die zeitlichen Parameter der Anzeigen sowie die Planungen für neue Produkte Variablen in einem Optimierungsprozess. Ziel der Optimierung ist es, aus der gezielten Platzierung von Anzeigen bessere Reaktionen der potentiellen Kunden zu erreichen, gleichzeitig jedoch zunächst defizitäre Produkte, über die keine derartigen Erfahrungswerte existieren, möglichst ertragsneutral aber gleichzeitig auffällig genug zu platzieren, um eine reelle Aussage über deren Erfolgspotential treffen zu können. Selbstverständlich stellt sich der Optimierungspotential bei weitem komplexer dar, da beispielsweise verschiedene Kostenmodelle, Vertriebswege, Cross-Selling-Strategien und Nebeneffekte sowie langfristige Kundenbindungen eine Rolle spielen. Die Komplexität des Prozesse sowie die dafür notwendigen Datenmengen machen diese Szenario interessant für eine Einbettung in ein GRID-System, auch wenn es von den gewohnten Anwendungen abweicht. Ein weiterer Aspekt, der die Ineffizienz herkömmlicher IT-Systeme und das Evaluationpotential für ein GRID-System demonstriert, zeigt sich, wenn die gewonnenen Daten sowie die daraufhin getroffenen Entscheidungen und deren Auswirkungen zu Auswertungszwecken archiviert und in einem Reporting-System zur Verfügung stehen müssen. Dieser Prozess stellt also Anforderungen an Rechenleistung, Datenspeicherung und Datenverfügbarkeit.

Interessanter für die Modellierung der virtuellen Organisation sind die Spezifikationen der Unternehmensprozesse hinsichtlich Struktur von Personal und Informationen. Der im Folgenden beschriebene Prozess der Produktion von TV-Anzeigen soll exemplarisch betrachtet werden, um anschließend darauf aufbauend die hierarchische Personalstruktur, Entscheidungsrichtlinien und den Informationsfluss abzuleiten. Diese Elemente führen dann zur Definition einer virtuellen Organisation für dieses Business-Szenario. Daraus werden im weiteren Verlauf Anforderungen und Kriterien abgeleitet, die später in der Evaluation verwendet werden, um beurteilen zu können, ob der Virtual Organisation Membership Service geeignet ist, dieses Szenario in einem GRID-System abzubilden.

Es wird bei der Modellierung dieses Szenarios nicht das gesamte Unternehmen betrachtet sondern vielmehr eine Abteilung dessen, das Marketing, in dem der oben beschriebene Prozess hauptsächlich abläuft. Es sind sicher auch andere Teile des Unternehmens nicht unwesentlich beteiligt, allerdings kann von der Evaluation der Modellierung eines Teils der Struktur abgeleitet werden, ob sich der Virtual Organisation Membership Service auch für die darüberhinaus gehende Abbildung eignet. Die zu modellierende Struktur setzt sich im wesentlichen zusammen aus drei semantisch übergreifenden Gruppen und einer großen Menge von Gruppen, die nach geografischen Besonderheiten aufgeteilt sind, sich aber von den Aufgaben und Rollen her gleichen.

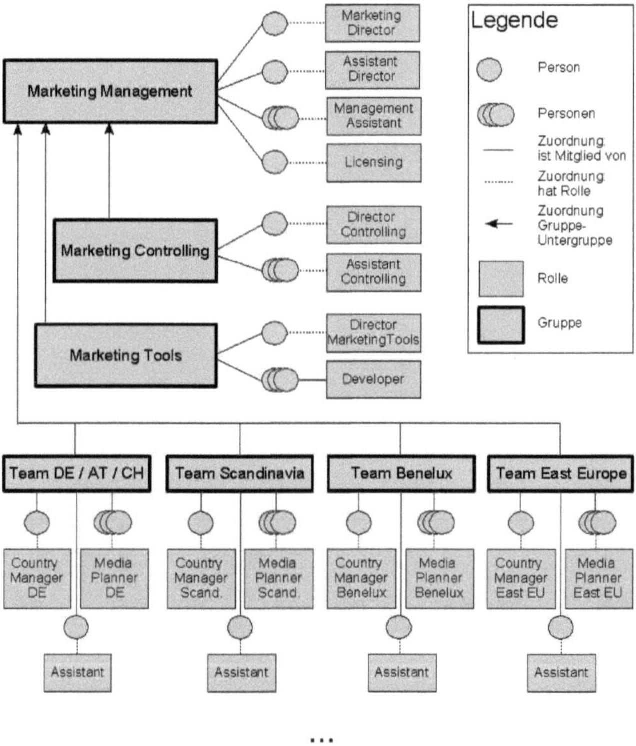

Abbildung 3: Struktur aus Gruppen und Rollen im Business-Szenario

Gruppe Marketing-Management

Die Gruppe „Marketing Management“ steht in der Hierarchie über allen anderen Gruppen. Mitglieder dieser Gruppe haben den gesamten Entscheidungsprozess zu verantworten und sind demnach auch mit allen Kompetenzen ausgestattet, die untergeordnete Gruppen und Personen innehaben. Beispielsweise hat so ein Mitglied der Gruppe „Marketing Management“ die Berechtigung, Transaktionen aus dem Bereich „Finance“ zu autorisieren oder auch zu unterbinden, eine Eigenschaft, die nicht explizit dieser Gruppe zugeordnet sein muss, sondern Teil der Berechtigungen der untergeordneten Gruppe „Marketing Controlling“ ist. Die Gruppe „Marketing Management“ ist der Wurzelknoten dieser Baumstruktur. Der Wurzelknoten erbt von allen durch einen Pfad erreichbaren Knoten im Baum die zugeordneten Berechtigungen. Innerhalb der Gruppe „Marketing Management“ gibt es unterschiedliche Rollen, die eine Arbeitsaufteilung bzw. Spezialisierungen abbilden. Durch die genaue Spezifikation der Rollen in dieser Gruppe zeigt sich auch bereits der erste Konflikt der Modellierung. Wie anfangs beschrieben erbt die Gruppe „Marketing Management“ zwar die Berechtigungen der ihr untergeordneten Gruppen, allerdings werden diese innerhalb der Gruppe nicht gleichberechtigt auf alle Mitglieder verteilt. Lediglich den Rollen „Director“ (=Teamleiter) und „Assistant Director“ (=Teamleiter im Falle von Vertretung oder Delegation von Aufgaben) werden alle Berechtigungen der Gruppe zugeordnet. Die Rollen „Assistant“ und „Licensing“ erhalten nur einen Teil dieser Berechtigungen, wie z.B. die Entscheidungsgewalt über die Freigabe von Anzeigen aus Sicht der Lizenzgeber bzw. die Berechtigung zur Freigabe von Anzeigen und zur Delegation von Aufgaben für einen bestimmten abgegrenzten z.B. geografischen Bereich. Mit einer Vererbung lässt sich diese Modellierung also nicht exakt durchführen. Um dennoch zu gewährleisten, dass die Vergabe von Berechtigungen nicht individuell sondern abhängig von der Gruppenzugehörigkeit erfolgt, kann man diesen Konflikt auflösen, indem die betreffenden Rollen in weitere Untergruppen der Gruppe Marketing Management ausgelagert werden.

Untergruppen von „Marketing Management“ - „Marketing Controlling“ / Marketing Tools“

Die Gruppen „Marketing Controlling“ und „Marketing Tools“ haben beide einen genau abgegrenzten Aufgaben- und Zuständigkeitsbereich, der sich von denen der anderen Gruppen unterscheidet. Die Aufgaben, die Mitglieder dieses Team übernehmen sind grundlegende und unterstützende Tätigkeiten, die gruppenübergreifenden Charakter haben. Mitglieder der Gruppe „Marketing Controlling“ beispielsweise regeln und überwachen den gesamten Finanzsektor, kontrollieren Zahlungsvorgänge und überwachen die Budgets der einzelnen Unternehmensbereiche. Sie entwickeln Kennzahlen und regelmäßige Auswertungen über den betriebswirtschaftlichen Erfolg des Unternehmens und seiner Bereiche. Die Gruppe „Marketing Tools“ unterstützt alle anderen Gruppen, indem deren Mitglieder Hilfsmittel entwickeln und zur Verfügung stellen, um die vorhandenen Daten auswerten, Entscheidungen treffen und die entsprechenden Aktionen planen zu können. Von zentraler Bedeutung ist dabei die Verwaltung und der Zugriff sämtlicher relevanter, verfügbarer Daten. Beide Gruppen sind im weiteren ähnlich strukturiert. In beiden Fällen gibt es zwei Rollen, eine Rolle „Director“, die Aufgaben der Teamleitung und damit auch die Entscheidungskompetenzen übernimmt. Eine weitere Rolle in diesen Gruppen beschreibt jeweils „gewöhnliche“ Gruppenmitglieder. Dabei handelt es sich, unterschieden nach deren Aufgaben, um die Rollen „Controlling Assistant“ sowie „Developer“. Wie auch bei anderen Teams ist es wichtig, dass Berechtigungen der Rolle „Director“ an andere Gruppenmitglieder z.B. im Falle einer Vertretung delegiert werden können.

Untergruppen nach geografischen Kriterien,
z.B. Gruppe „DE / AT / CH“, „UK / IE“, „Skandinavien“

Weitere Untergruppen werden gebildet nach geografischen Kriterien. Die Strukturen dieser Gruppen sind jeweils sehr ähnlich, weswegen hier nur einige Beispiele beschrieben werden sollen. Prinzipiell gilt, dass diese Gruppen die Aufgaben für ein bestimmtes Land bzw. eine Gruppe von zusammengehörigen Ländern bearbeiten. Typische Gruppen von Ländern, die meist geografisch bzw. von den technischen Voraussetzungen her ähnlich sind, sind beispielsweise Deutschland, Österreich und die Schweiz, Großbritannien und Irland, die skandinavischen Länder oder osteuropäische Staaten, wie Polen, Tschechien und Ungarn. Innerhalb der Gruppen gibt es in jedem Fall die Rollen „Country Manager“ und „Media Planner“. Personen, denen die Rolle „Country Manager“ zugeordnet ist erfüllen in diesen Gruppen die Funktion des Teamleiters und haben die höchste Entscheidungsbefugnis innerhalb ihrer Gruppe. „Media Planner“ werden hauptsächlich auf Grund ihrer Aufgabe zur Planung und Platzierung der Anzeigen zu einer Rolle zusammengefasst. In einigen Fällen, vor allem bei Gruppen mit großem Aufgabenspektrum, gibt es weitere Gruppenmitglieder, denen die Rolle „Trainee“ zugeordnet wird. Hierbei handelt es sich um Personen, die hauptsächlich Hilfstätigkeiten bzw. delegierte Aufgaben aus den Bereichen Auswertung und Statistik übernehmen.

Weitere Untergruppen

In einigen der Gruppen, die mehrere Länder umfassen, kann es weitere Untergruppen für die einzelnen Länder geben. So gibt es beispielsweise in der Gruppe „Skandinavien“ weitere Gruppen für „Schweden“, „Norwegen“, „Dänemark“ und „Finnland“. Hier zeigt sich auch, dass Personen Mitglied in mehr als einer Gruppe sein können. Beispielsweise können „Media Planner“ in den Gruppen „Schweden“ und „Norwegen“ identisch sein. Dies gilt vor allem auch für Personen, welche die Rolle „Trainee“ innehaben.

Die Modellierung dieser Struktur und des Prozesses können nun, wie eingangs beschrieben auf zwei grundlegend verschiedene Arten erfolgen, als Baum- oder als Teilmengenstruktur. Zunächst wird die Baumstruktur betrachtet, die in der folgenden Modellierung beispielhaft einige der beschriebenen Gruppen enthält. Andere Gruppen können nach dem gleichen Schema ergänzt werden.

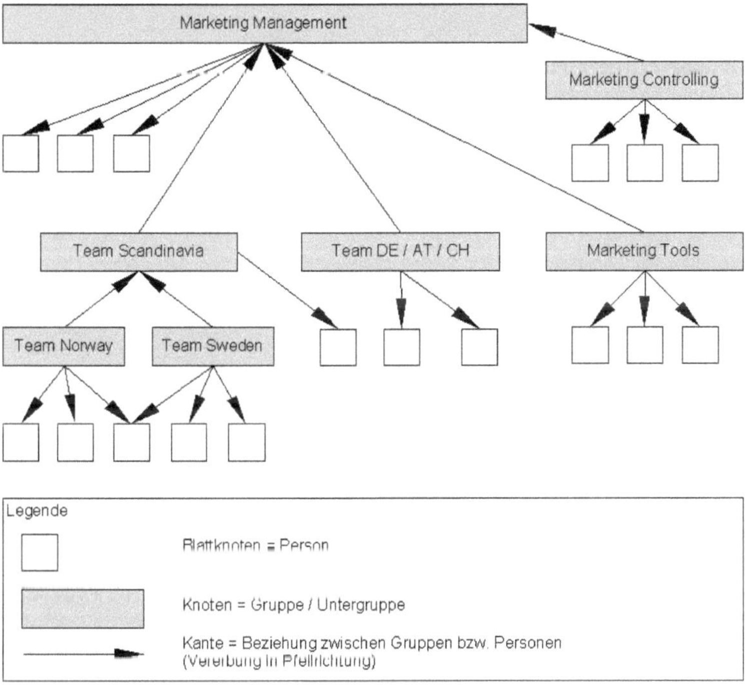

Abbildung 4: Modellierung als Baumstruktur

Zu beachten sind die festgelegten Vererbungseigenschaften. Wie anfangs beschrieben, werden in diesem Modell Eigenschaften, wie z.B. Berechtigungen von Untergruppen an die übergeordneten Gruppen vererbt. Dadurch wird bei diesem Ansatz besonders gut die Hierarchie dargestellt, indem eine näher am Wurzelknoten befindliche Gruppe „über“ ihren Untergruppen steht und somit auch über deren Rechte verfügt. Dies lässt sich nicht anwenden auf die Beziehung zwischen den Gruppen und deren Mitgliedern. Personen, die im Modell durch Blattknoten symbolisiert werden, erben die Berechtigungen von der Gruppe, der sie angehören. Zu beachten sind dabei zwei konfliktreiche Aspekte. Zum einen entsteht dadurch die Möglichkeit der Mehrfachvererbung, was bei sich gegenseitig ausschließenden Berechtigungen problematisch ist. Zum anderen tritt wie bereits beschrieben häufig der Fall ein, dass nicht alle Mitglieder einer Gruppe gleichermaßen mit den Rechten der Gruppe ausgestattet werden. Dies muss in diesem Modell durch die zusätzliche Einführung von weiteren Untergruppen erfolgen. Den ersten dargestellten Konfliktfall kann man lösen, indem auch hier im Fallen von auftretenden Mehrfachvererbungen Untergruppen gebildet werden mit der Schnittmenge der zugeordneten Berechtigungen. Da sich in infolgedessen die Vererbungsrichtung ändert, ist der Konflikt aufgelöst.

Interessant ist es, die zweite Modellierungsvariante zu betrachten, wenngleich sich dieses Modell von der Abbildung der betrieblichen Strukturen etwas entfernt. Hier wird die Struktur aus dem Blickwinkel der Gemeinsamkeiten der Gruppen betrachtet. Einzelne Gruppen werde dabei als Erweiterung einer Basisgruppe modelliert.

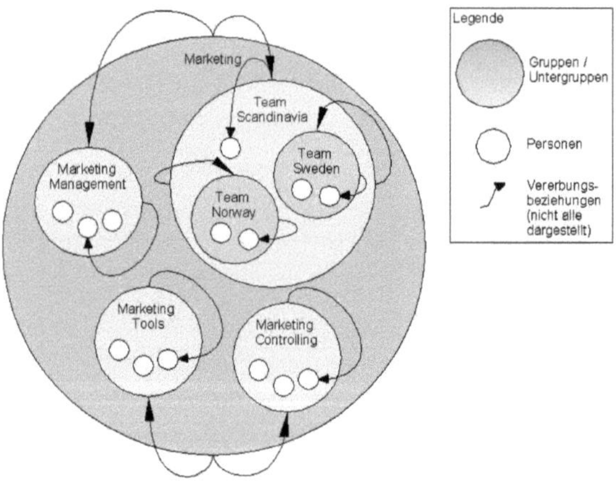

Abbildung 5: Modellierung als Teilmengenstruktur

Durch die Abbildung der Gruppen-Untergruppen-Struktur mittels Teilmengenbeziehungen werden die zuvor beschriebenen Konflikte bei der Vererbung vermieden. Berechtigungen werden hier weniger über die Gruppenzugehörigkeit, vielmehr über Rollen und individuelle Zuweisungen vergeben. Die Mitgliedschaft in mehreren Gruppen wird dadurch abgebildet, dass eine Person in der übergeordneten Teilmenge eingeordnet wird. Allerdings kann sie in diesem Fall nicht die Eigenschaften und Berechtigungen der Gruppen erben, der sie ursprünglich zugeordnet werden sollte. Dies muss über individuelle Personen bzw. Rollen gebundene Zuordnung geschehen. Einerseits stellt dies eine zusätzliche, eigentlich unnötige Aktion dar, flexibilisiert das Modell allerdings. Das Teilmengenmodell hat einen entscheidenden Nachteil: Es kann die hierarchischen Entscheidungsprozesse nicht konsequent und automatisiert darstellen. Was in der Baumstruktur durch Vererbung geleistet wurde, muss hier ebenfalls individuell für einzelne Gruppen und/oder Personen definiert werden. Auf Grund dieser Einschränkung soll das Teilmengenmodell in dieser Arbeit als Anregung und gelegentlich als Verweis für die Auflösung von Modellierungskoflikten dienen. Im Vordergrund der Betrachtungen steht die Baumstruktur, gerade aber bei der Implementierung von Vererbungsregeln wird die Betrachtung der Teilmengenstruktur erneut interessant werden.

2.3 – Merkmale und Anforderungen

Anhand des dargestellten Szenarios und der modellierten Struktur lassen sich generelle Kriterien ableiten. So besteht eine (virtuelle) Organisation immer aus Gruppen und mehreren Untergruppen. Dabei sind die Gruppen meist nach bestimmten Rollenkonzepten innerhalb des Unternehmens aufgeteilt. Hier werden also Rollen fest mit Gruppen verknüpft. Es kann aber auch innerhalb einer bestimmten Gruppe unterschiedliche Rollen geben, die sich nicht auf weitere Untergruppen zuordnen lassen. In beiden Fällen sind mit den Rollen auch ganz bestimmte Berechtigungen verbunden. Einzelne Personen können auch Mitglied verschiedener Gruppen sein, was sich, wie im Beispiel der Gruppe Skandinavien, auch weiter in der Form von Untergruppen modellieren lässt. Rollen und Berechtigungen, die einer Gruppe bzw. Untergruppe zugeordnet sind vererben sich auf dem Pfad des Baumes aufwärts in dem Sinne, dass Eigenschaften, die einer Untergruppe zugeordnet wurden, auch für die übergeordnete Gruppe gelten. Es wirkt hier also die Vererbung von den Kindknoten zum Elternknoten, also von der untergeordneten zur übergeordneten Gruppe. Ausgenommen davon sind allerdings die Blattknoten, welche Personen als Mitglieder einer Gruppe darstellen. Hier kehrt sich die Vererbung um, die Blattknoten erben von der Gruppe, mit der sie durch eine Kante verbunden sind. Da eine Person auch Mitglied mehrerer Gruppen sein kann, ergibt sich in solchen Fällen eine Mehrfachvererbung von mehreren Gruppen auf eine Person. Zusammengefasst lassen sich folgende allgemeine Eigenschaften für eine virtuelle Organisation aus diesem Beispiel ableiten:

- Die Struktur einer Organisation besteht aus Gruppen und Untergruppen.
- Übergeordnete Gruppen erben von allen untergeordneten Gruppen.
- Rollen können Gruppen oder Personen zugeordnet sein.
- Berechtigungen können einer Gruppe, einer Person oder einer Rolle zugeordnet sein.
- Berechtigungen und Rollen sind vererbbar.
- Eine Person kann Mitglied mehrerer Gruppen sein.
- Eine Gruppe kann beliebig viele Mitglieder haben.
- Eine Person kann pro Gruppe nur eine Rolle haben.
- Folgt: eine Person kann innerhalb der VO mehrere Rollen haben
- Eine Person oder eine Gruppe können mehrere Berechtigungen haben.

Anhand dieser Eigenschaften lässt sich ableiten, welche technischen Voraussetzungen ein System anbieten muss, dass virtuelle Organisation modellieren und speziell für ein GRID-System anbieten will. Zusätzlich zu den beschriebenen strukturellen Eigenschaften wird nun die Verknüpfung der Struktur mit dem Zugriff auf Ressourcen betrachtet, die wesentlich für die Umsetzung einer virtuellen Organisation in einem GRID ist.

Die Basis für die Kontrolle der Ressourcen in einem GRID ist die sogenannte Zugriffshoheit des lokalen Administrators. Das bedeutet, dass die endgültige Genehmigung oder Verweigerung eines Zugriffs lokal an der Ressource erfolgt. Dies bedeutet, dass die lokalen Ressourcen Zugriff auf die Definition der VO haben müssen, um die Berechtigungen und beispielsweise auch die Gültigkeit der Mitgliedschaft zu überprüfen. Gleichzeitig ist es aber auch zweckmäßig, den Zugriff auf Ressourcen eines Unternehmens zentral festzulegen. Es ist von besonderer Wichtigkeit, dass die Festlegungen, die mittels der Struktur einer VO getroffen wurden, auch tatsächlich beim Zugriff auf Ressourcen eingehalten werden. Weiterhin ist zu beachten, dass Ressourcen nicht nur zu einer VO gehören können, sondern z.B. in einem Konzern oder auch über Unternehmensgrenzen hinweg von verschiedenen VO's genutzt werden. Um die Zugriffsregeln transparent zu gestalten und damit eine effektive Kontrolle und Änderung zu ermöglichen, muss ein System verschiedene Abfragen anbieten, die angeben, auf welche Ressourcen von welchen Person oder

Gruppe zugegriffen werden kann. Die Aggregation dieser Abfrageergebnisse soll für sowohl pro Ressource, als auch pro Person, Rolle oder Gruppe möglich sein und die möglichen Aktionen auf einer Ressource einschließen, wenn dazu eine gesonderte Festlegung getroffen ist. Zusammengefasst ergeben sich also die folgenden Kriterien für die Abbildung einer VO-Struktur auf den Ressourcenzugriff.

- Auf Ressourcen kann von mehreren VO's aus zugegriffen werden
- Die Autorisierung von Gruppen und Personen erfolgt durch die VO und deren Struktur
- Der Zugriff auf Ressourcen durch eine VO oder deren Mitglieder kann durch lokale Festlegungen der Ressource erlaubt oder eingeschränkt sein

2.4 – (Qualitäts-) Kriterien für VO-Systeme

Die Beurteilung der Umsetzbarkeit eines VO-Systems im Umfeld eines betriebswirtschaftlichen Szenarios und damit die Qualität eines solchen Systemes im Hinblick auf die Eignung unter kommerziell-wirtschaftlichen Gesichtspunkten, ist abhängig davon, dass zum einen die zuvor benannten Eigenschaften und Kriterien umgesetzt werden können. Sollte es nicht möglich sein, alle angeführten Punkte umzusetzen, so muss es zumindest möglich sein, die Probleme bzw. Konflikte zwischen Modellierung und Implementierung durch Anpassungen der Modellierung bzw. durch die Zuhilfenahme weiterer Systeme zu lösen. Hinzu kommt, dass für die Qualität eines solchen Systems wichtig ist, dass Autorisationsfestlegungen im gesamten System konsistent und zuverlässig sind. Weiterhin ist natürlich die Verfügbarkeit der Ressourcen ein wichtiges Thema, welches, obwohl eher das Monitoring betreffend, auch die Autorisierung von Zugriffen betrifft. Hier muss an jeder Stelle transparent und deutlich sein, ob eine notwendige Berechtigung für einen Ressourcenzugriff fehlt. Eine Begründung dafür ist ebenfalls unerlässlich, damit die Anwender exakt wissen, welche Aktionen sie auf welchen Ressourcen ausführen können und welche sie nicht ausführen können.

Ein System zur Umsetzung der Struktur einer virtuellen Organisation, wie dies in den vorangegangenen Abschnitten beschrieben wurde ist also dann geeignet für den praktischen Einsatz, wenn es die Kriterien aus dem Kapiteln 2.3 weitgehend erfüllt und die in 2.4 angeführten zusätzlichen Anforderungen ebenfalls umsetzt.

2.5 – Eine Lösung: Virtual Organisation Membership Service

Die Abbildung von Strukturen in einem GRID-System ist nicht allein eine Aufgabe für die Integration in ein betriebswirtschaftliches Umfeld. Auch Forschungsprojekte unterliegen bestimmten Hierarchien und Strukturen, von denen Zugriffsrechte abhängen. In einem einfachen GRID-System basiert die Kontrolle von Zugriffsrechten auf der weitestgehend zentralen Vergabe von Zertifikaten, deren Zugriffsrechte dann von den lokalen Ressourcen verwaltet werden. Um diesen Mangeln an Funktionalität zu beheben wurden einige Erweiterungen, z.B. in Form von Services, für das GRID veröffentlicht, die mit Hilfe der Implementierung von virtuellen Organisationen die dargestellten Probleme ausräumen wollen. Ein solcher Service ist der von R. Alfieri, R. Cecchini, V. Ciaschini, L. dell'Agnello, Á. Frohner, A. Gianoli, K. Lörentex und F. Spataro entwickelte Virtual Organisation Membership Service, kurz VOMS[3].

Per Definition soll dieser Autorisationsinformationen in einem Zusammenhang virtueller Organisationen verwalten können. Dazu unterscheiden die Entwickler zwei Typen von Informationen. Auf der einen Seite solche Informationen, welche die Stellung einer Person innerhalb einer VO beschreiben und auf der anderen Seite Informationen darüber, welche Aktionen diese Benutzer mit einer bestimmten Ressource durchführen können. Als Basis definieren sie eine Reihe von Anforderungen an die Autorisation, die sich größtenteils mit den in diesem Dokument aufgeführten Kriterien decken.

- Struktur aus Gruppen und Untergruppen
- Benutzer können Mitglied einer beliebigen Anzahl von Gruppen sein
- Benutzern werden Rollen und Berechtigungen durch die VO zugeordnet
- Rollen und Berechtigungen werden unendlich, ereignisabhängig oder periodisch einem Benutzer zugewiesen
- Der Zugriff auf Ressourcen erfolgt durch Vereinbarungen zwischen einer VO und den Ressourcen

Im folgenden Kapitel 3 wird der Virtual Organisation Membership Service auf Basis seiner Definition genau vorgestellt. Anhand der Architektur und der technischen Spezifikationen können erste Anhaltspunkte gewonnen werden, ob der VOMS geeignet ist, um die in den vorhergehenden Kapiteln beschriebenen Kriterien und Anforderungen zu erfüllen. Im Anschluss wird im Kapitel 4 der VOMS in einem GRID-System installiert und es wird zur praktischen Evaluation versucht, das beschriebene Business-Szenario zu implementieren. Aus beiden Bereichen, technischer und praktischer Evaluation ergibt sich dann das abschließende Fazit dieser Arbeit.

Kapitel 3
Der Virtual Organisation Membership Service (VOMS)

Der Virtual Organisation Membership Service (VOMS) ist ein System, das auf Basis der Anforderungen aus den Erfahrungen mit den Frameworks DataGrid und DataTAG heraus entwickelt wurde, um Informationen über die Autorisation von Personen zur Nutzung von Ressourcen von der Ebene der individuellen Zuordnung zum Kontext einer virtuellen Organisation zu erweitern. Dabei setzt der VOMS auf der bestehenden Architektur der GRID Middleware Globus Toolkit auf, die zur Authentifikation und Delegation von Rechten die sogenannte Grid Security Infrastructure (GSI) anbietet. Basis der Betrachtung ist die Unterscheidung zwischen der Beschreibung der Stellung einer Person innerhalb einer virtuellen Organisation auf der einen und Festlegungen über die Autorisation für eine bestimmte Ressource auf der anderen Seite. Grundelemente zur Definition der VOMS-Architektur sind Gruppen, Rollen und Berechtigungen. Das VOMS-System wurde entwickelt aus der Erkenntnis, dass die Implementierung der Autorisierungsmechanismen des „European Data GRID“ Projektes im „Testbed 1“ für flexiblere und größere Szenarien wenig sinnvoll erschien.

3.1 – Architektur

Die Architektur des Virtual Organisation Membership Service kann nur im Zusammenhang mit der grundlegenden Architektur eines GRID-Systems behandelt werden. Der VOMS setzt auf der Definition der Authentifizierungsmechanismen eines GRID an und erweitert diese. Zunächst soll also ein Überblick über die Architektur eines GRID-Systems gegeben werden, wobei hier das Hauptaugenmerk auf den Autorisations- und Authentifizierungsmechanismen liegt. Die Unterscheidung von Autorisation und Authentifizierung wurde dazu bereits in Kapitel 1 einleitend erläutert. Anschließend wird darauf aufbauend der VOMS detailiert beschrieben.

3.1.1 – Die GRID-Architektur

Für die konkrete Beschreibung der GRID-Architektur gibt es verschiedene Ansätze, die sich hauptsächlich in ihrer strukturellen Einteilung unterscheiden. Dabei sind die beschriebenen Komponenten gleich, lediglich die Anzahl und Einteilung der Schichten unterscheidet sich. Hier soll demnach die Beschreibung der einzelnen Architekturelemente im Vordergrund stehen, weniger die genaue Aufteilung in die einzelnen Schichten.

Zum Überblick lässt sich ein GRID im Wesentlichen in die folgenden vier Schichten aufteilen:

- Physische Infrastruktur (Netzwerke, Computer, Sensoren, Speichermedien); oft als „fabrics" (=Struktur) bezeichnet
- Protokolle für Ressourcenzugriff und Kommunikation
- gemeinsame Services (Monitoring, Verzeichnisdienste, Diagnose)
- Applikationen

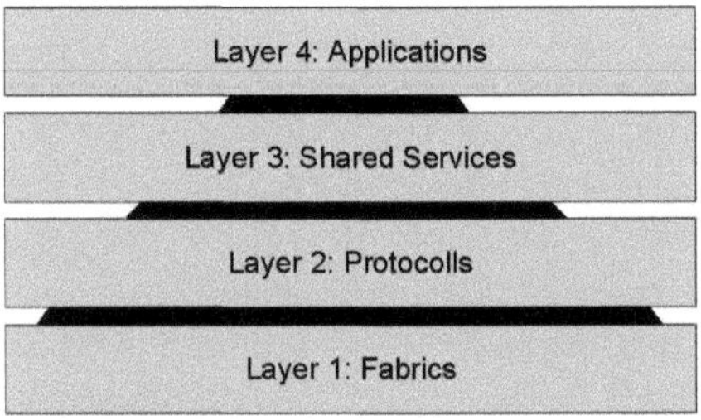

Abbildung 6: 4-Layer Architektur eines GRID

Physische Infrastruktur (=Fabrics)

Die physische Infrastruktur, die Hardware auf der ein GRID basiert, kann eine Vielzahl von heterogenen Systemen umfassen. In diesem Layer fasst man z.B. Speichermedien und Computer aber auch das Kommunikationsnetzwerke und zusätzliche Systeme, wie Sensoren oder Messgeräte zusammen. Die Steuerung der Hardware wird durch eigene, spezialisierte lokale Protokolle übernommen. Die Ressource als Ganzes wird als eine logische Einheit im GRID betrachtet. Die internen Zugriffsmechanismen werden von der Ressource selbst zur Verfügung gestellt und sind nicht Teil der GRID-Architektur. Es gibt allerdings eine Reihe von Mindestanforderungen an Ressourcen, die erfüllt sein müssen, um effektiv mit den Protokollen der höheren Schichten zusammenarbeiten zu können. Von zentraler Wichtigkeit ist die Fähigkeit einer Ressource, Informationen über ihre Beschaffenheit offen zulegen. Es muss möglich sein, Struktur, Status und Fähigkeiten sowie Informationen über die „Quality of service" abzufragen.

Auf der Ebene der lokalen Ressourcen wird „in letzter Instanz" entschieden, wer Zugriff auf Aktionen der Ressourcen bekommt. Dies setzt die lokale Autorität des Administrators um, der somit in einem GRID-System immer die höchste Entscheidungsbefugnis erhält. Die Autorisation von Benutzern erfolgt, wie bereits in Kapitel 1 einleitend erläutert, über ein Proxy-Zertifikat, welches von einer „Certificate Authority" aus einem benutzereigenen Zertifikat erstellt wird. Die lokale Ressource kontrolliert nun den Zugriff, indem über das sogenannten „gridmap-file“ die Informationen aus dem Zertifikat auf lokale Benutzer abgebildet wird. Dabei wird jeweils ein „distinguished name“ (DN) aus dem Zertifikat verwendet, um einen passenden Eintrag im gridmap-file zu finden. Sollte dem vorliegenden DN ein Benutzername zugewiesen sein, so erfolgt der weitere Ressourcenzugriff mit diesem lokalen Benutzer und auf der Basis dessen Berechtigungen. Gridmap-files werden manuell durch die lokalen Administratoren bzw. in definierten Abständen automatisch mit den Benutzerlisten der CA's abgeglichen.

Protokolle für Ressourcenzugriff und Kommunikation (=Protocols)
In der zweiten Schicht werden Protokolle zusammengefasst, die den sicheren und einheitlichen Zugriff auf Ressourcen sowie für die Kommunikation bereitstellen. Die in dieser Schicht implementierten Protokolle sorgen für die transaktionsbasierende Verbindung zu den Ressourcen. Dabei unterscheidet man im Wesentlichen vier Bereiche – Kommunikation, Authentifikation, Information und Management. Je nach Ansatz werden beispielsweise die Protokolle aus den Bereichen Information und Management in eine weitere Schicht abstrahiert[4], da sie Teile der Protokolle für Kommunikation und Authentifizierung nutzen. Zur Vereinfachung sollen diese hier jedoch zusammengefasst betrachtet werden, wie dies ebenfalls in der Literatur zu finden ist[5].

Im Bereich der Kommunikation, sowohl zwischen den einzelnen Elementen der physischen Infrastruktur als auch zwischen diesen und den Elementen höher liegender Schichten, fallen vor allem die Aufgaben des Routing, des Datentransports sowie des Naming und des dazugehörigen Lookup-Prozesses. Hier geschieht die Verwaltung des Zugriffs auf einzelne Ressourcen. In manchen Ansätzen werden die konkreten Verwaltungsaufgaben, wie die Zugriffskontrolle, die Aushandlung der Zugriffe, deren Initialisierung sowie die Folgeverarbeitung in eine weitere, höher gelegene Schicht abstrahiert. Da in dem vorliegenden Kontext allerdings die Betonung weniger auf der GRID-Architektur, sondern mehr auf der Modellierung virtueller Organisationen liegt, soll an dieser Stelle das Modell eines GRID-Systems möglichst einfach gehalten werden. Mit der Steuerung der Ressourcenzugriffe ist dann natürlich auch ein Monitoring laufender Prozesse sowie eine robuste und sichere Fehlerbehandlung sowie eine Folgeverarbeitung nach Beendigung eines Prozesses verbunden. Dies betrifft dann beispielsweise die Verrechnung für die Inanspruchnahme von Dienstleistungen. Protokolle, die in dieser Schicht implementiert werden, müssen vor allem das Gewinnen von Informationen über

4 z.B. in Ian Foster, Carl Kesselman, Sven Tuecke: The Anatomy of the GRID
5 z.B. in The Grid Cafe, CERN IT Devision Schweiz, http://gridcafe.web.cern.ch/gridcafe/gridatwork/architecture.html

Struktur und Status von Ressourcen und Jobs sowie das Management des Ressourcenzugriffs umsetzen.

Den Bereich der Authentifizierung betreffen insbesondere Implementierungen für Single-Sign-On, die Delegation von Rechten, die Integration mit lokalen Sicherheitsmechanismen sowie die Kombination von verschiedenen Zugriffsrechten. Hier wird in der Definition bereits der Integration von virtuellen Organisationen vorgegriffen, wobei nicht alle der Anforderungen in der grundlegenden GRID-Architektur umgesetzt sind. Die Anforderungen Single-Sign-On und Delegation von Rechten wird durch die Authentifikation mittels der Certificate Authority (CA) gewährleistet. Ein (Proxy-) Zertifikat wird einmalig erstellt und ist im Anschluss für eine begrenzte Zeit, allerdings meist für eine komplette Zugriffsfolge gültig. Dieses Zertifikat wird an die Ressourcen weitergereicht, wo dann die endgültige Autorisierung erfolgt. Ein Proxy-Zertifikat kann entsprechend auch an andere Prozesse oder Personen zur Aufgabendelegation übergeben werden, da in der „signature chain“ des Zertifikats die signierende CA abgelegt ist und es somit auch weiterhin als gültig erkannt werden kann. Für die Autorisierung von Zugriffen auf die Ressourcen baut das GRID-System auf lokalen Sicherheitsmechanismen auf. Die Integration wird gewährleistet durch ein Mapping der Zertifikate auf beispielsweise UNIX-Benutzernamen (gridmap-file).

Der Bereich Information umfasst Protokolle, die Auskunft über Struktur, Status von Ressourcen. Dies bedeutet z.B. Informationen über Konfiguration, Auslastung, „Quality of Service“ sowie besonderen Bestimmungen für die Benutzung. Im Globus Toolkit wird hier eine begrenzte Anzahl von Protokollen definiert, was sinnvoll erscheint, um die Struktur dieser Schicht möglichst effizient und performant zu halten. Das Grid Resource Information Protocol (GRIP), welches auf dem Lightweight Directory Access Protocol (LDAP) basiert, implementiert die grundlegenden Abfragemechanismen für die beschriebenen Informationen über die Ressourcen. Abgelegt werden diese beim Globus Toolkit auf sogenannten Grid Index Information Servern mit Hilfe des Grid Resource Registration Protocol (GRRP), welches Ressourcen und deren Spezifikation registriert und ablegt.

Management von Ressourcen bedeutet vor allem das Aushandeln von Zugriffen auf verteilte Ressourcen. Einerseits müssen Spezifikationen über die Art der Ressource beachtet werden, aber andererseits müssen auch die Nutzungsbestimmungen der lokalen Ressource mit dem anfragenden Prozess abgeglichen werden. Zusätzlich müssen die Protokolle in diesem Bereich den Status von Operationen überwachen und Folgeverarbeitungen anstoßen können. Dazu gehört beispielsweise auch die Abrechnung kostenpflichtiger Ressourcennutzungen. Das Globus Toolkit bietet hier das HTTP-basierte Grid Resource Access and Management (GRAM) Protokoll an, welches Ressourcen lokalisiert und die Ausführung der Operationen auf diesen überwacht.

Die Protokolle und Dienste aus dieser Schicht können als der zentrale Punkt in einem GRID-System angesehen werden, durch den sämtliche relevanten Abläufe hindurch fließen. Es besteht eine starke Verbindung zur untersten Schicht, dem Fabrics-Layer, da die dort definierten Operationen auch eine Entsprechung in dieser Schicht haben müssen. Die Protokoll-Schicht dient als ressourcenunabhängiger Zugriff auf die darunter liegenden heterogenen Systeme. Die hier implementierten Protokolle behandeln Zugriffe direkt auf einzelnen Ressourcen und bieten also keine Dienste beispielsweise für den Zugriff auf mehrere Ressourcen parallel an. Sie stellen allerdings die Basis für deren Implementierung bereit, die in der darüber liegenden Schicht beschrieben ist.

Besonders interessant für die Betrachtung der Zugriffskontrolle und Sicherheitsmechanismen ist der Generic Security Service (GSS). Der GSS kann eingesetzt werden um Authentifizierungsinformationen abzufragen. Dabei können diese Informationen, im wesentlichen der Benutzername und sein Zertifikat, mit dem GSS verifiziert und weitergeleitet werden. Damit werden die Anforderung des Single-Sign-On und der Delegation erfüllt.

Gemeinsame Dienste (=Shared services)

Auf den Protokollen für den Zugriff auf einzelne Ressourcen setzt eine weitere Schicht auf, die weiter abstrahiert und allgemein den Zugriff auf Gruppen von Ressourcen abbildet, ohne die einzelne konkrete Ressource zu betrachten. In dieser Schicht finden sich z.B. Verzeichnisdienste, (Mehrfach-)Zuweisung von Ressourcen, Scheduling, erweiterte Monitoring- und Diagnosesysteme, Datenverwaltung, Entwicklungsumgebungen, Lastverteilung, Autorisierungsmechanismen für Benutzergruppen, Dienste für die Abrechnung von kostenpflichtigen Ressourcen sowie synchrone als auch asynchrone Dienste für die verteilte Zusammenarbeit von Gruppen. Im Globus Toolkit finden sich hier vor allem die bereits erwähnten Grid Information Index Server (GIIS), Kataloge und Management für die Datenreplikation sowie Bibliotheken für die mehrfache und parallele Zuweisung von Ressourcen. Die Vielfalt der Protokolle und Dienste in dieser Schicht ist praktisch unbegrenzt. Viele Implementierungen bieten spezialisierte Anwendungen an, die nur in einem bestimmten Umfeld verwendet werden und auch nur innerhalb der entsprechenden Domain bzw. VO existieren.

3.1.2 – VOMS

Der Virtual Organisation Membership Service hat den Anspruch definiert, Informationen zum Zweck der Autorisierung von Benutzern beim Zugriff auf Ressourcen im Kontext von virtuellen Organisationen zu verwalten. Dazu sind zwei Sichten erforderlich Zum einen müssen aus Sicht des Benutzers dessen Informationen, Rollen, Gruppenzugehörigkeiten und Berechtigungen in einer virtuellen Organisation verwaltet werden. Zum anderen müssen diese Informationen beim Zugriff auf eine lokale Ressource verwendet werden, um die Autorisierung durchzuführen. Das VOMS-System besteht im wesentlichen aus drei Teilen. Einem Server, der die Anfragen verarbeitet, einem Client, der mittels der Repräsentation des Zertifikats des Benutzers die Abfragen an den Server sendet sowie ein administratives Interface, welches verwendet wird, um eine virtuelle Organisation zu verwalten. Das Besondere am VOMS ist, dass es den im GRID bestehenden Prozess zur Initiierung eines Proxy-Zertifikats für den Zugriff auf Ressourcen verwendet und lediglich so modifiziert, dass das Proxy-Zertifikat in Form von unkritischen Erweiterungen auch die Informationen der Mitgliedschaft eines Benutzers in beliebig vielen virtuellen Organisationen enthält. Dies ermöglicht eine nahtlose Integration mit bestehenden Anwendungen und ermöglicht die Kompatibilität zu Autorisierungsmechanismen, die den VOMS nicht verwenden. Das neue Proxy-Zertifikat, welches die Informationen über die Mitgliedschaft in virtuellen Organisationen enthält, wird dadurch erstellt, dass der Client auf seine Anfragen an verschiedene VOMS-Server als Ergebnis ein Pseudo-Zertifikat[6] zurückerhält, welches die relevanten Daten über Gültigkeit, Rolle, Berechtigungen und die VO selbst enthält. Der Client erstellt dann damit ein neues Proxy-Zertifikat mit einer nicht kritischen Erweiterung, in der die Pseudo-Zertifikate abgelegt werden.

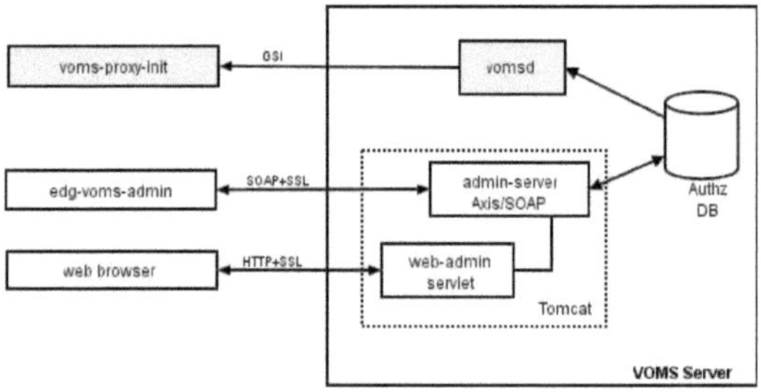

Abbildung 7: VOMS-Architektur
Quelle: European Data Grid Project, http://edg-wp2.web.cern.ch/edg-wp2/security/voms/

6 Stand 2002 bei Veröffentlichung der VOMS Architektur v1.1; Es existiert eine Ergänzung von Vincenzo Ciaschini vom 15.04.2004, die Attribut-Zertifikate für VOMS vorschlägt. Dies wird unter 3.2.3 detailiert beschrieben.

3.2 – VOMS im Detail

3.2.1 – Server

Der VOMS-Server unterteilt sich in drei weitere Elemente, den User-Server, den Admin-Server sowie die Datenbank wobei die Datenbank im folgenden Abschnitt beschrieben wird. Der User-Server empfängt und verwaltet die Anfragen, die von Benutzern an das VOMS-System gestellt werden. Dabei handelt es sich im Wesentlichen um die Anfragen zur Generierung eines Proxy-Zertifikats. Der User fragt über den VOMS-Daemon die Informationen aus der VOMS-Datenbank ab. Dieser erstellt ein Pseudo- bzw. Attribut-Zertifikat (siehe 3.2.3), welches die VO-relevanten Informationen, also VO-Name, Gruppenzugehörigkeit, definierte Rollen sowie zur Gültigkeit enthält. Ein Benutzer hat die Möglichkeit beliebig viele VOMS-Server abzufragen und somit ein Proxy-Zertifikat zu erstellen, welches die Informationen über alle virtuellen Organisationen enthält, in denen der Benutzer Mitglied ist.

Der Admin-Server wird verwendet, um einen einheitlichen Zugriff auf die VOMS-Datenbank bei verändernden Zugriffen zu ermöglichen. Der Admin-Server erhält dazu Anfragen von verschiedenen möglichen Administrationsclients und setzt diese auf der Datenbank um. Der Server ist erreichbar über eine SOAP-Schnittstelle, zu diesem Zweck ist es notwendig ihn in der Umgebung eines geeigneten Webservers zu installieren. Die Funktionen des VOMS-Admin-Servers unterteilen sich weiter in drei Bereiche. Der „Core“ enthält die grundlegenden Methoden, beispielsweise zur Kommunikation mit der Datenbank. Das „Admin“-Modul enthält alle Methoden, die notwendig sind um die VOMS-Datenbank zu administrieren, also die Einträge der Datenbank zu verwalten und zu modifizieren. Das Modul „History“ schließlich bietet zusätzliche Logging-, Abrechnungs- und Tracing-Funktionalitäten an.

Betrachtet man die Implementierung beider Server so unterscheidet man Operationen auf dem Server in zwei Schichten. Die eine, „High-Level-Operationen“, bilden die SOAP-Aufrufe auf Java-Objekte ab, die entweder „Actions“ oder „Questions“ sind. „Actions“ sind per Definition solche Operationen, welche die Datenbank verändern, aber keinen Rückgabewert haben. „Questions“ hingegen verändern die Datenbank nicht, liefern dafür das Ergebnis einer Anfrage als Rückgabewert. Ein Beispiel für eine „Action“ ist das Anlegen eines neuen Mitglieds einer VO, für eine „Question“ die Abfrage der zum Benutzer gehörigen Informationen. Die „High-Level-Operationen“ setzen voraus, dass die Implementierung die grundlegenden Methoden der „Low-Level-Operationen“ ausführen. Dies betrifft beispielsweise den Verbindungsaufbau zur Datenbank oder das Transaktionsmanagement. Um dies zu vereinfachen gibt es im VOMS-Admin-Server einen Helper-Klasse, die dies implementiert. Die Datenbank-Transaktionen werden in drei Typen aufgeteilt, die jeweils von einer Klasse repräsentiert werden. Man verwendet einen QueryWrapper für Lesezugriffe, einen UpdateWrapper für Lese- und Schreibzugriffe sowie ein DirectUpdate für die direkte Ausführung von SQL-Statements.

Konkrete Anfragen an den VOMS-Admin-Server enthalten immer eine Referenz auf ein Action-Objekt, welches seine eigenen speziellen Attribute besitzt. Wird eine Anfrage erlaubt, so wird einfach die „perform()“-Methode der Action ausgeführt um die Anfrage auszuführen. Das Handling eines Requests geschieht als in der Form, dass zunächst geprüft wird, ob ein Benutzer berechtigt ist, die gewünschte Operation auszuführen. Ist diese Prüfung erfolgreich, wird wie beschrieben die Operation durchgeführt. „Question“-Operationen werden nicht in dieser Form behandelt, da sie keiner Berechtigungsprüfung unterzogen werden müssen.

3.2.2 – Datenbank

Die VOMS-Datenbank, die prinzipiell nicht festgelegt ist auf ein bestimmtes Datenbank-Management-System nach momentanem Kenntnisstand jedoch nur die Unterstützung einer relationalen MySQL-Datenbank anbietet, enthält alle Informationen zur Struktur der virtuellen Organisation sowie zu deren Mitgliedern. Um Tracing-Funktionen zu ermöglichen werden in den im folgenden beschriebenen Datenbank-Tabellen auch alle historischen Daten gespeichert, damit nachvollziehbar wird, ob ein bestimmter Benutzer in der Vergangenheit Mitglied einer bestimmten virtuellen Organisation war. Diese historischen Informationen werden in gesonderten Datenbank-Tabellen gespeichert, um so die Performance von Abfragen zu verbessern. Weiterhin gibt es die Felder „createdBy“ und „createdSerial“, die jedem Datensatz außer denen, die Certificate Authorities (CA's) darstellen, zugeordnet werden. Dadurch lässt sich der Administrator und die Transaktion identifizieren, mit denen eine Veränderung in dem betreffenden Datensatz durchgeführt wurde.

Die Tabellen der VOMS-Datenbank lassen sich aufteilen in Datentabllen, Archivtabellen, Servicetabellen und sonstige, teilweise nicht verwendete Tabellen. Die Datentabellen repräsentieren alle bekannten Elemente einer VO, also Gruppen („GROUPS“), Benutzer („USR“), Rollen („ROLES“), Berechtigungen („CAPABILITIES“) sowie deren Struktur („M“) und die Zugriffskontrolle („ACL“) auf diese. Zu allen Datentabellen existieren Archivtabellen, welche den zugehörigen Datentabellen gleichen, mit Ausnahme der Felder „created by“, „createdserial“, „deletedby“ und „deletedserial“, in denen die Informationen über das Anlegen, Löschen und Verändern der Datensätze in den Datentabellen festgehalten wird.

Die Servicetabellen werden hauptsächlich vom VOMS-Admin-Server dazu verwendet, um Verwaltungsaufgaben für die Datenbank wahrzunehmen. Dazu zählen die Zeiterfassung, das Speichern von Anfragen und deren TransaktionsID, das Erzeugen von Sequenzen sowie die Verwaltung von Administratoren und bekannten Certificate Authorities (CA's). Einträge dieser Tabellen werden nicht archiviert, da sie meist durch Systemprozesse verändert werden bzw. deren historische Informationen nicht benötigt werden.

Weitere Tabellen speichern Gültigkeitsinformationen zur Mitgliedschaft einer Person in einer VO. Ebenfalls gibt es die Möglichkeit, periodische Mitgliedschaften festzuhalten. Diese Tabellen werden allerdings in der aktuellen Implementierung des VOMS-Servers nicht verwendet (Stand 2004).

Von zentraler Bedeutung für die Betrachtung Implementierung der zuvor vorgestellten Modellierung in Kapitel 4 sind die Datentabellen. Daher sollen die Tabellen, welche Informationen über Mitglieder und Struktur einer virtuellen Organisation enthalten genauer betrachtet werden. Dies betrifft die Tabellen „USR“, „GROUPS“, „ROLES“, „CAPABILITIES“ und „M“. Die „M“-Tabelle ist dabei von zentraler Bedeutung, da sie die Zuordnung aller anderen Elemente zueinander und damit die Struktur einer VO umsetzt.

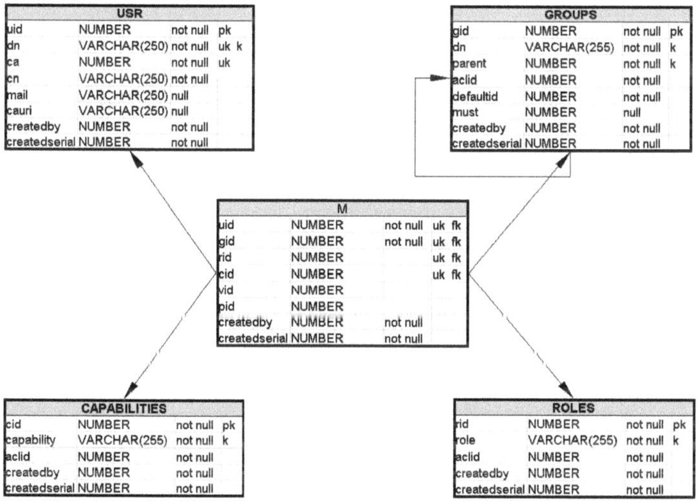

Abbildung 8: VOMS-Datenbankmodel (nur VO Struktur)

Die Tabelle „USR"

Diese Tabelle enthält die Benutzer eines VO-Systems sowie deren grundlegende Informationen. Durch einen Eintrag in der „USR"-Tabelle ist eine Person noch nicht automatisch Mitglied einer virtuellen Organisation. Die Mitgliedschaft wird erst durch die Zuordnung in der „M"-Tabelle definiert. Zu einem Benutzer werden in der Tabelle die folgenden Informationen in Feldern festgehalten:

- uid – die UserID
- dn – der „distinguished name" (DN) des Benutzers, wie er auch in dessen Zertifikat steht
- ca – die Certificate Authority, die das Zertifikat des Benutzers signiert hat
- cn – der „common name" (CN) des Benutzers
- mail – eine optionale E-Mail-Adresse des Benutzers
- cauri – eine optionale Referenz auf das Zertifikat des Benutzers
- createdby – Verweis auf den Administrator, der den Benutzer angelegt hat
- createdserial – Verweis auf die Transaktion, durch die der Benutzer angelegt wurde

Primärschlüssel der Tabelle ist die Spalte „uid". Ein Eintrag wird durch die Spalten „dn" und „ca" eindeutig beschrieben. Ein „distinguished name" kann also pro zertifizierender CA nur einmal in der „USR"-Tabelle stehen. Als Datentypen werden für Verweise und IDs, wie „uid", „ca", „createdby" und „createdserial" immer Integer-Typen verwendet. Für die anderen Felder werden VARCHAR-Typen mit unterschiedlicher Länge verwendet.

Die Tabelle „GROUPS"

Diese Datenbank-Tabelle speichert die Gruppen und Untergruppen einer virtuellen Organisation. Als Wurzel wird eine VO-Gruppe bei der Datenbank-Initialisierung erzeugt, welche als einzige Gruppe keine übergeordnete Gruppe besitzt. Die Strukturierung in Gruppen und Untergruppen wird durch eine Referenz innerhalb jedes Datensatzes auf einen anderen „Vorgänger"-Datensatz abgebildet. Eine Gruppe enthält also auch immer einen Verweis auf eine andere Gruppe. Im Falle der VO-Gruppe ist der Vorgänger die VO-Gruppe selbst. Ein Datensatz der Tabelle „GROUPS" enthält folgende Felder:

- gid – die ID der Gruppe
- dn – der „distinguished name" der Gruppe
- parent – der Verweis auf die übergeordnete Gruppe

- aclid – die ID der „Access Control List“ (ACL) dieser Gruppe, welche die Zugriffsrechte bestimmter Operationen verwaltet
- defaultid – die ID der ACL, die für die Initialisierung von Untergruppen verwendet wird
- must – legt mit einem 0/1-Wert fest, ob diese Gruppe abgelehnt (=0) oder zugelassen (=1) wird. Diese Funktion wird momentan noch nicht verwendet und daher wird dieser Wert immer auf „1“ gesetzt.
- createdby und createdserial wie zuvor

Lediglich die ID der Gruppe (gid) ist als Primärschlüssel definiert. Es kann also durchaus Gruppen mit gleichen Namen geben. Um eine Gruppen-Untergruppen-Struktur zu durchlaufen, muss jeweils das „parent“-Feld rekursiv abgefragt werden. Dabei muss allerdings geprüft werden, ob das „parent“ und das „id“ Feld die gleichen Werte haben. Sollte das so sein, hat man die Wurzel der Struktur erreicht.

Die Tabelle „ROLES“

Die Tabelle „ROLES“ enthält alle in der VO existierenden Rollen. Einer Rolle wird genauso wie einer Gruppe eine „Access Control List“ (ACL) zugeordnet, die Zugriffsberechtigungen auf bestimmte Operationen enthält. Auch in Bezug auf die Eindeutigkeit gleichen sich die beiden Tabellen, da auch eine Rolle nur durch ihre ID eindeutig gekennzeichnet wird. Rolle mit gleichen Namen sind also genauso zulässig, wie mehrere Rollen mit der gleichen ACL. Die Felder der Tabelle „ROLES“ sind wie folgt definiert:

- rid – die ID der Rolle
- role – der Name der Rolle (dieser wird erst durch die Kombination mit einer Gruppe eindeutig)
- aclid – Verweis auf die ACL, welche die Berechtigungen dieser Rolle enthält
- createdby und createdserial wie zuvor

Die Tabelle „CAPABILITIES“

In dieser Tabelle werden Berechtigungen für bestimmte Objekte gespeichert. Eine ID und der Name identifizieren das Objekt und eine zugeordnete ACL definiert die Zugriffsrechte. Die Tabelle ist wie folgt definiert:

- cid – die ID des Objektes
- capability – der Name des Objektes
- aclid – Verweis auf die ACL, mit den Berechtigungen für dieses Objekt
- createdby und createdserial wie zuvor

Die Tabelle „M"

Die wichtigste Tabelle für die Struktur einer VO ist, neben der „GROUPS" Tabelle, die Tabelle mit dem Namen „M". Hier wird die Mitgliedschaft eines Benutzers, der in „USR" eingetragen ist, in Gruppen, Rollen oder Capabilities festgelegt. Dabei kann ein Benutzer, repräsentiert durch die „uid", einer beliebigen Anzahl von Gruppen und einer beliebigen Anzahl von Rollen zugeordnet sein. „Capabilities", also Berechtigungen für bestimmte Objekte werden nur auf der Ebene von Gruppen zugeordnet. Die Datensätze der Tabelle enthalten die folgenden Felder:

- uid – Verweis auf den Benutzer mittels des Feldes „uid" in der Tabelle „USR"
- gid – Verweis auf die Gruppe über das Feld „gid" in der Tabelle „GROUPS"
- rid – optionaler Verweis auf eine Rolle (Feld „rid" in der Tabelle „ROLES")
- cid – optionaler Verweis auf eine Capabilitiy über das Feld „cid" in der Tabelle „CAPABILITIES"
- vid – Verweis auf einen Eintrag in der Tabelle zur Verwaltung der Gültigkeit. Dieser Eintrag wird momentan vom VOMS nicht verwendet und wird so immer auf „0" gesetzt
- pid – Verweis auf einen Eintrag in der Tabelle zur Verwaltung von periodischen Abhängigkeiten der Mitgliedschaft in einer Gruppe. Dieser Eintrag wird momentan vom VOMS nicht verwendet und wird so immer auf „0" gesetzt
- createdby und createdserial wie zuvor

Bis auf „createdby" und „createdserial" sind alle Felder Fremdschlüssel auf die beschriebenen Tabellen. Ein Eintrag in der Tabelle „M" wird eindeutig gekennzeichnet durch die Kombination „uid", „gid", „rid" und „cid". Da das Feld „gid" nicht leer sein darf, können Benutzer, Rollen und Capabilities nur innerhalb von Gruppen zugeordnet werden. Die Mitglied in einer Gruppe ist also die Grundvoraussetzung. In der Menge beliebiger Kombinationen aus Benutzern, Gruppen, Rollen und Berechtigungen gibt es auch unzulässige Varianten. Die zuvor beschriebene fehlende Gruppenmitgliedschaft ist eine, eine andere ist die gleichzeitige Zuordnung einer Gruppe, Rolle und Berechtigung innerhalb eines Datensatzes. Darüber hinaus ist es theoretisch nicht nur möglich, dass ein Benutzer mehreren Gruppen angehört. Auch mehrere Rollen und Berechtigungen können ihm zugewiesen werden.

Als zusätzlichen Begriff wird hier der „Container" eingeführt. Dieser ist die Kombination aus Gruppe, Rolle und Berechtigung. Man sagt also, dieses Triple ist der „Container" eines Benutzers.

3.2.3 – Zertifikate

Der VOMS verwendet Zertifikate um darin die Informationen eines Benutzers über dessen Mitgliedschaft in virtuellen Organisationen zu speichern. Diese Zertifikate enthalten vereinfacht gesagt die Informationen, die sich aus der im Abschnitt zuvor beschriebenen Tabelle „M“ und deren Fremdschlüsselbeziehungen auslesen lassen. Aus historischen Gründen werden zwei Arten von Zertifikaten unterschieden, Pseudo- und Attributzertifikate. Bei Einführung des VOMS im Jahr 2002 wurden zunächst Pseudozertifikate verwendet, da man durch die Spezifikation von OpenSSL im Globus Toolkit in der Gesamtgröße der Proxyzertifikate begrenzt war. Inzwischen ist diese Beschränkung nicht mehr existent und so wurde Anfang 2004 auch ein Attributzertifikat für den VOMS vorgeschlagen. Daher wird nur das Konzept des Attributzertifikats beschrieben. Eine Beschreibung des Pseudozertifikats findet sich in [ ]

Wie bereits hinreichend beschrieben wurde, erfolgt die Autorisierung beim Zugriff auf Ressourcen eines GRID-Systems über ein Zertifikat. Dieses Proxyzertifikat, welches von kurzer Gültigkeit ist, wird mittels der Informationen aus einem persönlichen Zertifikat des Benutzers erstellt. Um zusätzlich zur reinen Repräsentation des Benutzers auch Informationen über dessen Mitgliedschaften in virtuellen Organisationen zugängig zu machen, wird das Proxyzertifikate vom VOMS in einer nicht kritischen Erweiterung um ein Attributzertifikat ergänzt, welches die notwendigen Daten enthält.

Die Ablage von Gruppen- und Rolleninformationen aus der VOMS-Datenbank in einem Attributzertifikat konkretisiert auch die Tatsache, dass Rollen und Berechtigungen einem Benutzer nur innerhalb einer Gruppe zugeordnet werden können und auch nur dort gelten. Während das Datenbankmodel einen gewissen Spielraum für eine unabhängige Betrachtung von Gruppen, Rollen und Berechtigungen lässt, ist dies in Attributzertifikaten nicht möglich. Eine Kombination aus Gruppen, einer Rolle und Berechtigung drückt sich wie folgt aus:

<Gruppenname>/Role=[Rollenname]/Berechtigung=[Name der Berechtigung]

Angaben in „[ ]“ sind optional. Das Element „<Gruppenname>“ kann wiederum rekursiv aus Untergruppen zusammengesetzt sein, jeweils getrennt durch einen „/“. Diese Reihe von Angaben nennt man den „Full Qualified Attribute Name“ (FQAN), durch den ein Attributzertifikat eindeutig charakterisiert wird. Des weiteren setzt sich ein Attributzertifikat aus einer Signatur und dem dazugehörigen Signaturalgorithmus sowie der eigentlichen Attributzertifikat

Information zusammen. Die Attributzertifikat-Information wiederum enthält alle relevanten Daten des Zertifikats. Im Falle des VOMS-Zertifikats setzt sich diese zusammen aus

- Version – Version der Definition des Attributzertifikats (Typ: Integer)
- Inhaber (=Holder) – das persönliche Zertifikat (bzw. dessen Seriennummer) des Inhabers bzw. Benutzers
- Herausgeber (=Issuer) – Enthält den eindeutigen Namen (DN), der auch in dem Zertifikat enthalten ist, mit welchem das Attributzertifikat signiert wird
- Signatur – die Signatur, mit der das Attributzertifikat unterschrieben wurde
- Seriennummer – eindeutige ID des Attributzertifikats
- Gültigkeitsdauer – Eintrag aus zwei Werten; ein Wert gibt an, bis wann das Attributzertifikat gültig ist, der andere ab wann es gültig wird
- Attribute – eine Sequence von Tupeln aus dem Attributtyp und seinem Wert
- HerausgeberID – optional; diese Information korrespondiert mit der Angabe des Herausgebers
- Erweiterungen – eine optionale Sequence Zertifikatserweiterungen

Die Attribute enthalten also die eigentlichen Informationen über die Spezifikationen der virtuellen Organisation. Hier werden nun, wie anfangs angedeutet, nicht Gruppen und Rollen einzeln definiert, sondern zusammen als FQAN[7]. Attribute, die Gruppen und Rollen als Werte enthalten können dennoch vorhanden sein, sollten aber konsistent zum FQAN Attribut gehalten werden. Dies kann dadurch gewährleistet werden, dass die Anzahl der Elemente von Rollen und Gruppen die gleiche ist wie im FQAN. Dies bedeutet auch, dass das n-te Element des FQAN auch der n-ten Gruppe und n-ten Rolle entspricht. Falls keine Rolle in einem FQAN-Attribut definiert ist, so muss das entsprechende Element einen leeren String enthalten. Zusätzlich zu den Attributen werden zwei Erweiterungen vom VOMS verwendet, „AC Target“ und „No Revocation Available“. Das „AC Target“ ist optional und definiert einen „Target name“, der den eindeutigen Namen („Fully qualified distinguished name“ = FQDN) des Hostrechners angibt, für den das Attributzertifikat bestimmt ist. Die Erweiterung „No Revocation Available“ muss im Attributzertifikat enthalten sein. Sie drückt aus, dass keine Informationen verfügbar sind über die Aufhebung eines VOMS Attributzertifikats. Ein so gebildetes Attributzertifikat enthält alle notwendig Informationen über die Mitgliedschaft in einer virtuellen Organisation und über die Nutzung dieser Daten durch entsprechend der Norm implementierte Anwendungen.

7 Vollständige Definition des FQAN: Ákos Frohner, Vincenzo Ciaschini, DataGRID VOMS Credential Format, CERN

3.2.4 – Einbindung von VO's bei der Autorisierung

Die relevanten Informationen zur Mitgliedschaft und Struktur einer virtuellen Organisation effizient und eindeutig an einen Benutzer zu binden ist nur ein Teil, wenn es darum geht, VO's im GRID umzusetzen. Ein weiterer Teil gehört dazu, nämlich die Nutzung dieser Informationen bei der Autorisierung von Ressourcenzugriffen. Das VOMS-System beschreitet an der Stelle einen zweigeteilten Weg. Auf der einen Seite wird wie beschrieben die Gruppen-, Rollen und Berechtigungszuordnungen innerhalb des VOMS-Server bzw. dessen Datenbank vorgenommen. Detailierte Informationen über die Mitgliedschaft eines Benutzers in einer VO werden also ressourcenunabhängig festgelegt. Die Auswertung dieser Informationen zur Autorisierung konkreter Zugriffe auf Ressourcen überlässt das VOMS-System den lokalen Ressourcen selber. Bisher geschieht dies auf Basis der „gridmap-files“, die Benutzer im GRID auf lokale Sicherheitsmechanismen abbilden. Dies lässt sich prinzipiell auch mit vorhandenem VOMS-System weiter betreiben, was ein größtmögliches Maß an Kompatibilität ermöglicht, ist aber auch einfach zu erweitern, wie im folgenden beschrieben wird. Zur Abfrage der „gridmap-files“ wird aus dem Proxyzertifikat, welches den Benutzer im GRID repräsentiert, der eindeutige Name („distinguished name“ = DN) ausgelesen. Auf die gleiche Art und Weise können nun weitere Informationen über die Zugehörigkeit zu einer virtuellen Organisation aus dem VOMS Attributzertifikat ausgelesen werden. Grundlegend beschränkt sich dies auf einen einzigen Wert, den FQAN. Hier sind Gruppen, Rollen und Berechtigungen enthalten, die dann von den lokalen Ressourcen beliebig abgebildet bzw. ausgewertet werden können. Die VOMS Attributzertifikate sind gemäß der X.509 Definition[8] standardisiert, somit ist es einfach ebenso standardisierte Implementierungen für die Abfrage aller Informationen im Attributzertifikat zu finden.

Die Berücksichtigung dieser Informationen folgt den grundlegenden Abläufen in einem GRID-System, wobei der lokale Administrator die Zugriffshoheit hat. Dies bedarf nun allerdings einer Festlegung zwischen VO und lokaler Ressource über die Nutzung dieser durch Mitglieder der virtuellen Organisation. Dies kann über eine Art spezialisierte „Access Control List“ (ACL) oder erweiterte „gridmap-files“ geschehen. Die genaue Umsetzung beschreibt die VOMS-Architektur nicht. Dies ist einerseits ein deutlich fehlendes Element, andererseits bietet es aber auch die Freiheit und Flexibilität für optimal an die lokale Ressource angepasste Implementierungen. Was dabei fehlt ist die konsequente Zuverlässigkeit der Definition einer virtuellen Organisation.

8 RFC 3281, An Internet Attribute Certificate Profile for Authorization, http://www.ietf.org/rfc/rfc3281.txt?number=3281

Kapitel 4
Umsetzung des Business-Szenarios

Das eingangs in Kapitel 2 beispielhaft beschriebene Business-Szenario soll nun mit Hilfe des Virtual Organisation Membership Service (VOMS), wie er im Kapitel 3 vorgestellt wurde, umgesetzt werden. Dazu ist der VOMS auf einem existierenden GRID-System zu installieren und zu konfigurieren. Anschließend muss die modellierte Struktur des Business-Szenarios mit dem Datenmodell abgeglichen werden und es sind die Daten initial einzupflegen. Anschließend ist im Betrieb des VOMS zu testen, ob die modellierte Struktur angemessen wiedergegeben wird und welche Funktionalitäten mit der abgebildeten virtuellen Organisation implementiert sind.

4.1 – Systeminstallation und -konfiguration

Voraussetzung für die Installation des VOMS sind im Wesentlichen ein installiertes GRID-System, ein Datenbank-Server sowie idealerweise ein Tomcat Webserver. Auf die Abhängigkeit von verschiedenen Betriebssystem-Bibliotheken soll an dieser Stelle nicht weiter eingegangen werden. Die VOMS Installationspakete können entweder aus dem Quellcode mittels „ant" erzeugt oder für die gängigsten Linux-Distributionen als fertige RPM-Pakete installiert werden. Bereits während der Installation lassen sich verschiedene Parameter definieren, die für die Konfiguration des VOMS verwendet werden. Hierzu zählen vor allem die Grundeinstellungen, wie der Name der virtuellen Organisation, die Portnummer des VOMS-Servers sowie Passwörter für die Datenbank oder das VOMS-System. Ebenfalls mit Parametern ist zu definieren, wenn Systemparameter, wie Pfade, Portnummern und Ähnliches von den Standardeinstellungen abweichen. Bei laufendem MySQL-Datenbankserver wird durch das Installationsskript des VOMS automatisch die VOMS-Datenbank angelegt. Ebenfalls automatisch wird während der Installation ein Context in einem existierenden Tomcat Webserver angelegt. Dort wird voms-war file deployed.

Für das zu testende Business-Szenario wird folgende virtuelle Organisation angelegt:

```
VO-Name: Marketing_Dpt
Alias: marketing
VOMS-Server: localhost
Port: 15000
DN: /C=DE/O=Marketing_Dpt/O=Grid/CN=Marketing_Grid
Tomcat Port: 8080
```

Diese Informationen werden in einer Datei abgelegt (Textformat), die alle dem System bekannten VOMS-Systeme enthält. Anhand dieser Datei können dann bei der Ausführung des voms-proxy-init Kommandos die Parameter für die Verbindung zu den VO's ausgelesen werden.

Für die initiale Konfiguration des installierten VOMS-Systems werden wenige weitere Schritte benötigt. Zunächst sollte mindestens ein Administrator festgelegt werden. Dazu benötigt man die URL des gerade installierten VOMS-Systems sowie das Benutzerzertifikat des Administrators. Die URL des Systems ergibt sich aus dem im Tomcat Webserver installierte Webservice. Mit dem Kommando

```
voms-admin -url="http://localhost:8080/voms-admin/marketing" \
create-user cert.pem \
assign-role „Marketing_Dpt" „VO-Admin" admin_cert.pem
```

wird quasi eine Folge der zwei Befehle „create-user“ und „assign-role“ ausgeführt. Zunächst wird ein neuer Benutzer angelegt und dann wird diesem Benutzer anhand seines Zertifikats die Rolle „VO-Admin“ zugewiesen.

Auf diese Art und Weise ist der VOMS installiert. Eine Veränderung der Konfiguration des existierenden GRID-Systems ist nicht notwendig, da der VOMS nicht in die Prozesse und Strukturen des GRID-Systems eingreift.

4.2 – Implementierung Datenmodell

Um das den VOMS an einem praktischen Beispiel, dem Business-Szenario aus Kapitel 2, zu testen, wird nun die dort beschriebene Organisationsstruktur in das VOMS Datenmodell überführt. Die Daten zur Beschreibung der virtuellen Organisation werden komplett in der VOMS-Datenbank verwaltet. Wenn es also gelingt, die vorgegebene Struktur in das korrekt installierte Datenbankschema mit SQL-konformen Abfragen einzufügen, so sollte die Implementierung erfolgreich sein. Das Kommando `voms-admin` bietet dazu eine Reihe von Funktionen an, die garantieren, dass die Tabellen sicher und zuverlässig gefüllt werden. Um bei entsprechend großen Strukturen die umfangreichen, einzufügenden Datenmengen zu bewältigen, kann entweder eine Synchronisation mit einem existierenden LDAP-Server durchgeführt werden oder, wenn diese Möglichkeit nicht gegeben ist, ein Skript erstellt werden, welches mit Hilfe von Dateien, die die Datenwerte enthalten, in einer Schleife die entsprechenden `voms-admin` Kommandos ausführt. Zunächst sollen diese Kommandos betrachtet werden. Im Anschluss daran wird im Pseudocode ein Skript vorgestellt, welches wie beschrieben die Daten in die Datenbank einfügt.

`voms-admin` Kommando

Das Kommando `voms-admin` hat eine Reihe von Parametern, die unabhängig von der auszuführenden Operation sind. Diese definieren die URL des VOMS-Services (`-url=`*`service_url`*), das Benutzerzertifikat (`-usercert` *`filename`*) sowie verschieden Parameter für die Ausgabe. Als letzten Parameter wird das auszuführende Kommando notiert, welches seinerseits wiederum Parameter haben kann. Folgende `voms-admin` Kommandos wurden verwendet, um die Daten des Business-Szenarios abzulegen:

```
- voms-admin \
  -url="http://localhost:8080/voms-admin/marketing" \
  -usercert \
  create-user user_cert.pem

- voms-admin \
  -url="http://localhost:8080/voms-admin/marketing" \
  -usercert \
  createRole „Controlling Director"

- voms-admin \
  -url="http://localhost:8080/voms-admin/marketing" \
  -usercert \
  createCapability „Approve Finance"

- voms-admin \
  -url="http://localhost:8080/voms-admin/marketing" \
  -usercert \
  createGroup „Marketing Management" „Marketing Controlling"

- voms-admin \
  -url="http://localhost:8080/voms-admin/marketing" \
  -usercert \
  addMember „Marketing Controlling" user_cert.pem

- voms-admin \
  -url="http://localhost:8080/voms-admin/marketing" \
  -usercert \
  assignRole „Marketing Controlling" „Controlling Director" \
  user_cert.pem

- voms-admin \
  -url="http://localhost:8080/voms-admin/marketing" \
  -usercert \
  assignCapability „Approve Finance" user_cert.pem

- voms-admin \
  -url="http://localhost:8080/voms-admin/marketing" \
  -usercert \
  add-acl-entry „Role=VO Admin" allow all admin_cert.pem
```

Das zuletzt notierte Kommando dient dazu, dem Administrator der VO alle notwendigen Zugriffsrechte zuzuweisen. Mit den übrigen Kommandos wurden ein Benutzer, die Gruppe „Marketing Controlling“ als Untergruppe von „Marketing Management“, die Rolle „Controlling Director“ sowie die Berechtigung „Approve Finance“ erstellt. Die Mitgliedschaft des Benutzers in dieser Gruppe sowie die Zuordnung der erstellten Rolle in der Gruppe „Marketing Controlling“ sowie der Berechtigung wurden mit den folgenden Kommandos ausgeführt.

In einem Skript zur Automatisierung dieses Vorgangs werden zunächst alle Datentabellen gefüllt. Für Benutzer, Rollen und Berechtigungen ist dies relativ trivial. In einer Konfigurationsdatei werden die jeweils notwendigen Parameter durch ein Trennzeichen getrennt notiert. Eine Zeile in der Datei stellt dabei einen Datenbankeintrag und somit jeweils einen Kommandoaufruf dar. Ein Skript durchläuft nun diese Datei und führt das entsprechende Kommando von `voms-admin` mit den ausgelesenen Parametern aus. Für das anlegen von Gruppen und Untergruppen wird eine ähnliche Syntax verwendet, wobei in einer Zeile zunächst die übergeordnete Gruppe notiert wird und im Anschluss, ebenfalls durch ein Trennzeichen getrennt, die direkten Nachfolger. Ein Skript zur Verarbeitung dieser Datei könnte wie folgt aussehen:

[Pseudocode]

```
$group_configfile = <filename>

while not EOF do
loop
  $parameter_sequence = group_configfile.NEXTLINE
  $parameter_array = parameter_sequence.SPLIT(„|“)

  for counter < parameter_array.LENGTH do
    if counter = 0 and not parameter_array[0] exists_in_vo[9]
    then create_subgroup_of_vo(vo_name,parameter_array[0])[10]
    else
      begin
        if not group_subgroup exists(parameter_array[0],
                                     parameter_array[counter])[11]
        then create_subgroup (parameter_array[0],
                              parameter_array[counter])
      end
  end for
end loop
```

0 Die Funktion „existis_in_vo“ fragt über das Kommando „voms-admin listSubGroups vo_name“ alle existierenden Gruppen der VO ab.

10 Die Methode „create_subgroup“ führt „voms-admin createGroup *parent groupname*“ aus wobei als Parameter für parent der erste Eintrag der Zeile sowie für die Gruppe der jeweils aktuelle Gruppenname übergeben werden.

11 Die Funktion „group_subgroup_exists“ ist analog zu (9),jedoch mit einem Gruppennamen als parent Parameter.

Ein ähnliches Vorgehen wird verwendet, um die Zuordnung von Gruppen, Rollen und Berechtigungen durchzuführen. Dazu werden Konfigurationsdateien verwendet, die Einträge nach dem Muster der „Fully Qualified Attribute Names“ enthalten. Diese Definition aus Kapitel 3 enthält eine Kombination aus den notwendigen Elementen in der Form

```
<group name>/Role=[<role name>][/Capability=<capability name>]
```

Durch die Tatsache, dass, wie bereits erläutert wurde, dieses Muster des FQAN den Integritätsbestimmungen im VOMS-Datenmodell gerecht wird, kann so sichergestellt werden, dass die zu importierenden Daten auch korrekt sind und keine Inkonsistenzen bzw. Fehler durch die Verarbeitung entstehen. Es liegt auf der Hand, dass der Import einer FQAN-Sequenz in die VOMS-Datenbank leicht durchzuführen ist. Daher ist es eine weitaus interessantere und wichtigere Aufgabe, die modellierte Struktur in das FQAN-Muster zu überführen. Im Folgenden sind Ausschnitte aus der Modellierung und deren beispielhafte Übersetzung in das FQAN-Muster dargestellt.

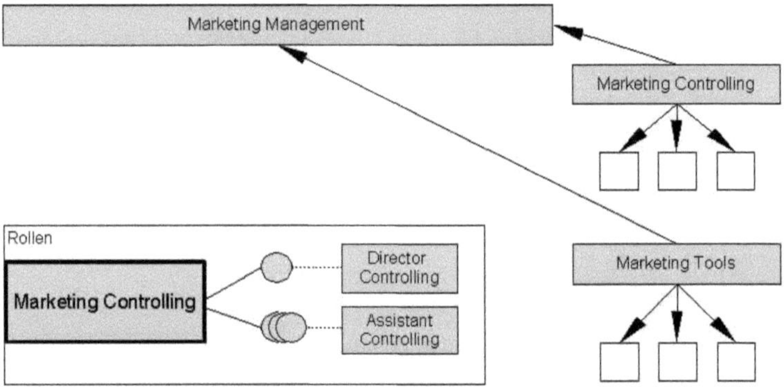

Abbildung 9: Ausschnitt aus der Modellierung in Kapitel 2

FQAN für Mitglieder der Gruppen „Marketing Tools“, „Marketing Controlling“:

```
Marketing_Dpt/Marketing Management/Marketing Controlling/ \
Role=Director Controlling/ \
Capability=Approve Finance

Marketing_Dpt/Marketing Management/Marketing Controlling/ \
Role=Assistant Controlling

Marketing_Dpt/Marketing Management/Marketing Tools/ \
Role=Director Marketing Tools/ \
Capability=Approve Software Release
```

```
Marketing_Dpt/Marketing Management/Marketing Tools/ \
Role=Developer/ \
Capability=Initiate Software Test
```

Werden nun die Informationen aus den beispielhaft dokumentierten FQAN's mit Hilfe eines Skriptes ausgelesen und innerhalb einer Transaktion unter Wahrung der angegebenen Reihenfolge mit dem Kommandos

```
voms-admin \
-url="http://localhost:8080/voms-admin/marketing" \
-usercert \
addMember groupname[12] user_cert.pem[13]

voms-admin \
-url="http://localhost:8080/voms-admin/marketing" \
-usercert \
assignRole groupname rolename user_cert.pem

voms-admin \
-url="http://localhost:8080/voms-admin/marketing" \
-usercert \
assignCapability capabilityname user_cert.pem
```

in die Datenbank importiert, so wird dadurch die Struktur in der VO implementiert. Mit einem weiteren Beispiel soll anhand der konkreten Einträge in der Konfigurationsdatei der Sonderfall dargestellt werden, in dem eine Person Mitglied mehrerer Gruppen ist.

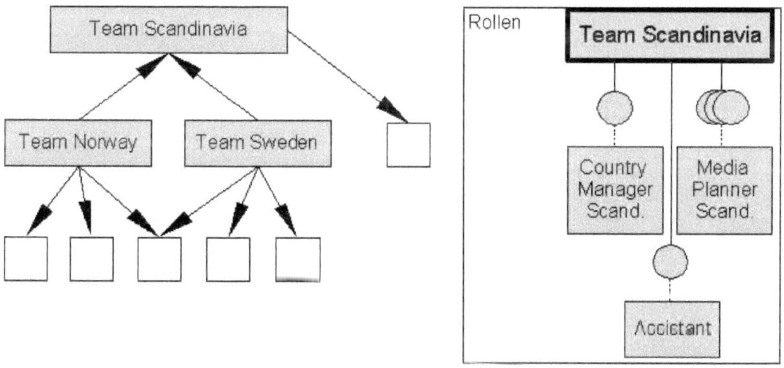

Abbildung 10: Ausschnitt aus der Modellierung in Kapitel 2 – Mitgliedschaft in mehreren Gruppen

12 Als groupname Parameter wird der jeweils letzte Eintrag im FQAN vor der Rollendefinition verwendet. Um die Eindeutigkeit zu wahren, sollte allerdings zunächst die ID der Gruppe ermittelt werden, indem mittels voms-admin listSubGroups rekursiv die Gruppenstruktur im FQAN durchlaufen wird. Nur so kann garantiert werden, dass die Gruppe eindeutig ist, da Namen auch mehrfach vorkommen können.

13 Die Person, deren Mitgliedschaft angelegt wird, wird mittels Verweis auf deren Zertifikat in der Konfigurationsdatei mit übergeben. Die Datei enthält Tupel nach dem Muster (usercert,FQAN)

Die Einträge in der Konfigurationsdatei sehen wie folgt aus[14]:

```
usercert1.pem | Marketing_Dpt/Marketing Management/Team Scandinavia/ \
                Role=Country Manager Scandinavia/

usercert2.pem | Marketing_Dpt/Marketing Management/Team Scandinavia/ \
                Team Norway/Role=Assistant/

usercert2.pem | Marketing_Dpt/Marketing Management/Team Scandinavia/ \
                Team Sweden/Role=Assistant/

usercert3.pem | Marketing_Dpt/Marketing Management/Team Scandinavia/ \
                Team Norway/Role=Media Planner Scandinavia/

usercert4.pem | Marketing_Dpt/Marketing Management/Team Scandinavia/ \
                Team Sweden/Role=Media Planner Scandinavia/
```

Diese Einträge dokumentieren eine ganze Reihe von Sonderfällen. Zum einen wird eine Person, repräsentiert durch „usercert2.pem“ mehreren Gruppen zugeordnet. Zum anderen wird für zwei Personen, repräsentiert durch „usercert3.pem und usercert4.pem“, in unterschiedlichen Gruppen die gleiche Rolle verwendet. Dies implementiert, dass eine Rolle jeweils pro Gruppe in der sie zugeordnet wird, eindeutig ist. Darüber hinaus zeigen wir hier auch die Umsetzung des Falles, dass eine Person einer Gruppe zugeordnet wird, in der weitere Untergruppen existieren.

Mit den beschriebenen Konfigurationsdateien und Skripten wurde nun die Organisationsstruktur in die VOMS-Datenbank übertragen. Das hinzufügen, auslesen und verändern von einzelnen Einträgen, ist entweder über den Webclient des VOMS-Admin-Interfaces oder über die bereits beschriebenen Kommandozeilen voms-admin mit entsprechenden Parametern möglich. Das Kommando voms-admin bietet dazu eine Fülle von Funktionen an. Zu allen Datentabellen gibt es Delete-Methoden[15], die den entsprechenden Datensatz löschen. Für Zuordnungen, die die Struktur der VO betreffen, also vor allem Einträge aus der „M“-Tabelle, werden entsprechende Dismiss-Methoden[16] angeboten. Funktionen, die Einträge aus der Datenbank abrufen, sind list-Funktionen. Diese werden für einfache Elemente angeboten, wie z.B. `listRoles`, `listUsers` oder `listCapabilities`. Komplexere Abfragen sind möglich mit Verknüpfungen bezogen auf einen bestimmten Benutzer, beispielsweise `listUsersWithRole`, `listUserGroups` oder `listUserRoles`. Eine zusammenfassende Betrachtung dieses Funktionsumfangs findet im folgenden Abschnitt statt.

14 Das Zeichen „|“ dient als Trennzeichen zwischen dem Benutzerzertifikat und dem FQAN
15 z.B. deleteUser, deleteGroup, deleteCapability, deleteRole
16 z.B. dismissRole, dismissCapability; Für die Mitgliedschaft in Gruppen ist dies removeMember

4.3 – Anwendung

Für die Beurteilung des VOMS als Integrationslösung für virtuelle Organisationen im GRID ist es neben der konfliktfreien Daten-Modellierung auch wichtig, dass genügend Funktionen zur Verfügung stehen, um die modellierten und implementierten Daten zu verwenden. Im Vordergrund steht dabei die Abfrage von Informationen über die Mitgliedschaft einer Person in einer Gruppe bzw. über die ihr zugeordneten Eigenschaften. Dies wird vor allem bei der Autorisierung im Zugriffsprozess auf Ressourcen verwendet werden. Für interne Verwaltungsaufgaben der virtuellen Organisation ist es darüber hinaus auch notwendig, dass Funktionen vorhanden sind, die die Struktur einer VO aufdecken, unabhängig von einer einzelnen Person und dass Methoden angeboten werden, diese zu modifizieren. Es werden im Folgenden die Funktionalitäten VOMS-Admin-Server untersucht und darüber hinaus weitere Wege dargestellt, eine virtuelle Organisation zu verwalten.

Aus Sicht der Ressourcen ist der VOMS-Server selbst unbekannt. Es ist, durch die Definition der VOMS Attributzertifikate auch nicht notwendig, da eine Person, repräsentiert durch ihr Proxyzertifikat alle relevanten Informationen zur Mitgliedschaft in einer oder mehreren VO's mitbringt. Die Anwendbarkeit der Attributzertifikate bei der Zugriffsautorisierung wird also getrennt von den Funktionalitäten des VOMS-Admin-Servers betrachtet.

4.3.1 – modellierte Struktur

Der VOMS-Admin-Server bietet über sein Interface eine wohl-definierte Menge von Funktionen und Methoden, die sowohl die Abfrage als auch die Modifikation der Struktur einer virtuellen Organisation ermöglichen. Funktionen führen dabei die sogenannten „Questions", Methoden die „Actions" aus, die in Kapitel 3 bereits näher erklärt wurden. Dabei biete das VOMS Admin Interface nur Methoden an, um einzelne Elemente zu modifizieren. Die Erweiterung für eine größere Menge ist allerdings leicht durch die Implementierung eines entsprechenden Clients möglich[17]. Auf diese Art und Weise wird das Interface möglichst einfach gehalten. Besonders wichtig erscheint es, die Iteration durch rekursive Strukturen zu ermöglichen, wie dies im Falle von Gruppen und Untergruppen häufig auftritt. Das Durchlaufen eines solchen Pfades von der übergeordneten Gruppe zu den Untergruppen wird mit dem Kommando `listSubGroups` aus dem Admin-Interface ermöglicht. Der umgekehrte weg, also der Pfad von der Wurzel zu einer bestimmten Gruppe, wird durch die Interface-Funktion getGroupPath implementiert. Wichtig ist es auch, zu einer

17 Um größere Mengen von Elementen zu verwalten lassen sich entsprechenden Schleifen anwenden. Die Verwendung von for-, while- oder anderen Konstrukten ist dabei der spezifischen Anwendung überlassen

Person deren Eigenschaften zu ermitteln, um beispielsweise das Attributzertifikat zu erstellen. Dazu kann man für alle beschriebenen list-Funktionen den Benutzernamen und die Certificate Authority (CA), die dessen Zertifikat signiert hat, als Parameter übergeben. Der VOMS-Admin kann anhand dieser Informationen den entsprechenden Benutzer eindeutig in der Datenbank identifizieren und die ihm zugehörigen Rollen, Berechtigungen und Gruppen abfragen. Wichtig für die Verwaltung einer VO ist auch eine Abfragemöglichkeit unabhängig von der Ebene des Benutzers. Für die variabel gruppierte Betrachtung von Benutzergruppen ist es möglich, beispielsweise alle Benutzer mit einer bestimmten Rolle oder Berechtigung abzufragen.

Die Modifikation der vorhandenen VO-Struktur kann ebenfalls mit dem VOMS-Admin-Server erfolgen. Das bereits kurz erwähnte Szenario, in dem ein LDAP-Server Personalstrukturen eines Unternehmens bereitstellt, kann z.B. über regelmäßige Synchronisationen mittels des voms-ldap-sync bzw. des cron-voms-ldap-sync Kommandos die Änderungen in die Datenbank der VO übernehmen. Steht diese Variante nicht zur Verfügung, Können Daten über das Admin-Interface importiert werden. Hierzu stehen wie bereits in 4.3 beschrieben add-Methoden für alle Datentabellen zur Verfügung. Die Modifikation von bestehenden Einträgen erfolgt ausschließlich über das Löschen und neu Anlegen von Datensätzen. Zum einen verhindert dies, dass durch übersehene Abhängigkeiten Änderungen auch für bestehende Nutzer aktiv werden, für die es nicht vorgesehen ist. Zum anderen erlaubt dieses Vorgehen, dass mittels der Archivtabellen eine genaue Zurückverfolgung der Modifikationen möglich ist.

4.3.2 – Zugriffsautorisierung

Der Vorgang der Autorisierung beim Zugriff auf eine Ressource ist völlig unabhängig vom VOMS-Admin-Server oder der VOMS-Datenbank. Die Informationen zur Mitgliedschaft einer Person in einer virtuellen Organisation sind im VOMS Attributzertifikat abgelegt und aus diesem kann eine lokale Implementierung die Werte mittels standardisierter Verfahren[18] auslesen. Die Nutzung dieser Informationen für die Autorisierung wird bei der Definition des VOMS-Systems bewusst ausgeklammert, da dies gemäß der VOMS-, als auch der GRID-Architektur in den Verantwortungsbereich der lokalen Ressourcen gehört. Der VOMS ermöglicht es aber, mit einfachen standardisierten Werkzeugen Dienste, Protokolle und Anwendungen zu entwickeln, die auf der Seite der Ressource die Mitgliedschaft einer Person in einer bestimmten virtuellen Organisation und deren Eigenschaften darin zu berücksichtigen.

18 z.B. Java Security Certificate API, java.security.cert, oder jede andere X.509 kompatible API

Kapitel 5
Fazit

Gemäß der Einteilung der beiden vorausgegangenen Kapiteln, soll die Evaluation zunächst grundlegend in einen theoretischen und einen praktischen Teil strukturiert werden. Im theoretischen Teil wird die grundlegende Architektur des VOMS beurteilt und es werden deren eventuelle Schwachstellen herausgestellt. Im praktischen Teil werden die Ergebnisse der Implementierung der in Kapitel 2 vorgenommen beispielhaften Modellierung auf ihre Qualität hin untersucht und es wird damit die praktische Eignung des VOMS für die Umsetzung virtueller Organisationen in einem GRID-System überprüft. Aus beiden Teilen ergibt sich eine Gesamteinschätzung, die im Anschluss an die getrennte Betrachtung noch einmal kurz zusammengefasst wird.

Zur Erinnerung: Wir haben im Kapitel 2 ausgehend von einem Business-Szenario Anforderungen und Kriterien formuliert, anhand derer nun die theoretischen Betrachtungen und die praktische Umsetzung aus Kapitel 3 und 4 beurteilt werden sollen. Um das Fazit zu erleichtern, werden die formulierten Punkte in strukturelle und technische Kriterien bzw. Anforderungen gruppiert. Strukturelle Anforderungen sind dadurch gekennzeichnet, dass sie beschreiben, wie eine virtuelle Organisation aufgebaut (=strukturiert) sein muss, um die Organisation aus dem Szenario möglichst verlustfrei abzubilden. Technische Anforderungen hingegen formulieren im Detail die einzelne Ausgestaltung der Umsetzung. Diese technischen Details müssen bei der Umsetzung berücksichtigt sein, um eine fehlerfreie, erwartungskonforme Funktion zu garantieren.

Im Rahmen der Evaluation werden an einigen Stellen Modifikationen vorgeschlagen und Konflikte und Schwachstellen aufzulösen. Diese werden im letzten Abschnitt des Kapitels aufgegriffen und etwas genauer definiert, wenn gleich sie in dieser Arbeit nur als Ausblick bzw. Anregung zu verstehen sind.

5.1 Theoretische Teilevaluation

Betrachtet man zunächst die GRID-Architektur einzeln auf einer abstrakten Ebene, so kann festgestellt werden, dass die Abbildung von (Rechen-) Ressourcen in einem GRID-System durchaus der Realität in vielen Unternehmen entspricht. Ressourcen sind in hohem Maße verteilt und verfügen selten über einheitliche und vor allem gemeinsame Zugriffsmechanismen. Dennoch werden bei der Definition von Anfragen häufig die Systemgrenzen vernachlässigt, was den Bedarf eines übergreifenden Zugriffsmechanismus dem Mangel an einem solchen gegenüberstellt. Auch die notwendige

Abstraktion der Applikationen von den Ressourcen ist im betrieblichen Umfeld unabdingbar. Die bekannten Schwachstellen kommerzieller IT-Systeme, wie z.B. geringe Auslastung, hohe administrative Kosten, geringe Flexibilität, begründen ebenfalls den Einsatz eines GRID-Systems, sind dies doch die gleichen Gründe, die mit zur Entwicklung dieser Systeme geführt haben.

Für den Einsatz eines GRID-Systems im Umfeld eines mittleren oder großen Unternehmens ist es allerdings notwendig, auch die Organisationsstruktur der Benutzer abbilden zu können. Der Ansatz des VOMS, unabhängig von den Ressourcen die Struktur einer virtuellen Organisation zu definieren ermöglicht die einfachere Integration eines solchen Systems in ein Unternehmen und vereinfacht die Migration von bestehenden Systemen. Die Verwendung eines initial erzeugten Zertifikats zur Ablage der benutzerspezifischen Informationen deckt die Anforderung der einfachen Benutzbarkeit vollständig ab. Über externe Tools ließe sich die Anfrage und Erzeugung eines solchen Zertifikats z.B. in die Anmeldung eines Benutzers an seinem Arbeitsplatz einbinden. Die Verwirklichung eines echten Single-Sign-On lässt so durch den Einsatz eines GRIDs und des VOMS realisieren.

Von den aufgestellten strukturellen Anforderungen lassen sich die meisten mit der VOMS-Architektur umsetzen. Die Struktur aus Gruppen und Untergruppen ist durch die Existenz eines Verweises in der Tabelle „GROUPS“ auf ein Element der gleichen Tabelle gewährleistet. Die Mitgliedschaft in mehreren Gruppen sowie die Zuordnung von mehreren Rollen ist möglich. Einige Anforderungen sind allerdings gegenwärtig nicht umsetzbar. Dies betrifft die Einzigartigkeit einer Kombination aus Person, Gruppe und Rolle, wodurch gewährleistet werden soll, dass einer Person auch nur eine Rolle pro Gruppe zugeordnet wird. Dies lässt sich im Datenmodell umgehen, mit den beschriebenen Attributzertifikaten wird dieser Konflikt allerdings behoben. Hier sollte das Datenmodell konsequent angepasst werden. Des weiteren ist die Zuordnung von Rollen oder Berechtigungen zu Gruppen ist nicht vorgesehen. Hier ist eine Lösung nur durch eine abweichende Modellierung bzw. individuelle Zuweisung von Rollen und Berechtigungen an Personen möglich.

Eine Anforderung die in der VOMS-Architektur gänzlich fehlt, ist die Definition von Vererbungsregeln. Diese sind für die Abbildung des Business-Szenarios von hoher Bedeutung. Im Kontext einer betrieblichen Kontrolle von Ressourcenzugriffen und einer starken Hierarchisierung der Personalstrukturen ermöglicht der Einsatz von Vererbungsregeln die Vereinfachung der Zuweisung von Berechtigungen sowie die Absicherung der Konsistenz des Modells. Um diesen Konflikt zu lösen, ziehen wir die Tatsache heran, dass es möglich ist, in der Struktur von Gruppen und Untergruppen rekursiv zu iterieren. Um die Berechtigungen einer Gruppe festzustellen müssen also alle Untergruppen abgefragt werden. Zu einer bestimmten Gruppe A müssen also zunächst alle Gruppen B..N ermittelt werden, die im „parent"-Feld einen Verweis auf A enthalten. Rekursiv wird dies solange auf die Ergebnisse dieser Abfrage angewendet, bis das Ergebnis leer ist. So können die Berechtigungen für eine Gruppe rekursiv aus deren Untergruppen abgeleitet werden.

Den zweiten Aspekt der Vererbung, Personen erben die Berechtigungen der Gruppe, deren Mitglied sie sind, hängt eng zusammen mit der bereits formulierten Schwachstelle, dass sich Berechtigungen nur Personen zuordnen lassen. Man könnte, um dies aufzuheben, überlegen, die „M"-Tabelle abstrakter zu gestalten, indem man nicht eine Abbildung von Personen in Gruppen vornimmt sondern allgemeinen Elementen Berechtigungen zuordnet. Elemente könnten dabei Personen, Gruppen oder Rollen sein. Dadurch ließe sich das Modell deutlich flexibilisieren. Um nun Personen in das Vererbungskonzept mit einbinden zu können, muss die Abfrage der Berechtigungen zu einer Person erweitert werden. Diese Abfrage muss die Gruppen mit einschließen, in denen die Person Mitglied ist. Nicht zu vergessen ist hier auch, dass dann wiederum die bereits beschriebene rekursive Abfrage der Gruppenberechtigungen erfolgen muss.

Unklar bleibt nach wie vor, was im Falle von widersprüchlichen Berechtigungen geschieht. Dieses Szenario kann durch die Vererbung auftreten. Betrachtet man als Berechtigungen jedoch nur „positive" Rechte, also keine Verbote, so treten derartige Konflikte erst gar nicht auf. Die Anwendung von Verboten kann im Modell des VOMS auch von den Sicherheitsmechanismen der lokalen Ressource übernommen werden.

Als problematisch erweist sich in diesem Zusammenhang allerdings das Konzept, die Zugriffshoheit des lokalen Administrators unabhängig von den Festlegungen einer VO zu betrachten. Ein wichtiges Kriterium ist die Verlässlichkeit von Definitionen für den Zugriff auf Ressourcen. Abgeschwächt wird dieser Konflikt dadurch, dass in der Praxis die Entscheidung über Zugriffsregeln der Ressourcen und die Definition der VO von dem gleichen Personenkreis verantwortet werden kann. Dies lässt sich aber gerade bei zunehmendem Outsourcing im IT-Bereich nicht garantieren. Es bedarf also effizienter Verteilungsmechanismen, um die Definitionen einer VO beim Erstellung und Änderung an die Ressourcen zu verteilen bzw. umgekehrt Beschränkungen durch lokale Sicherheitsregeln in der VO sichtbar zu machen. Wichtig ist hier, dass dazu ein Push-Verfahren verwendet wird.

5.2 Praktische Teilevaluation

In der praktischen Umsetzung wurde nun neben den abstrakten, theoretischen Betrachtungen, versucht, das entworfene und modellierte Business-Szenario in eine virtuelle Organisation zu überführen. Man muss beachten, dass hier nicht nur die eigentliche Umsetzung sondern in höherem Maße die passende und flexible Modellierung ein wichtiges Element zum Erfolg der Implementierung ist. Beachtet man die strukturellen Einschränkungen und Festlegungen bereits bei der Modellierung, so lassen sich Konflikte von vornherein vermeiden. Die Implementierung der Organisationsstruktur ist das zentrale Element der Umsetzungsphase, werden hier doch die Struktur und Eigenschaften einer VO festgelegt. Es hat sich gezeigt, das es alles in allem möglich ist, sicher, automatisiert und einfach eine virtuelle Organisation mit Hilfe des VOMS zu erstellen. Dabei orientiert sich in dem angeführten Szenario die Struktur der VO eng an der realen Vorgabe aus dem Wirtschaftsalltag. Der Zugriff auf die Strukturen ist weitgehend vorhanden. Spezialisierte Ergänzungen durch eigene Business-Clients oder spezielle Import-Skripte ist mittels der Nutzung des VOMS-Admin-Interfaces ohne weiteres möglich.

Die Tatsache, dass der Zugriff auf Ressourcen nicht Teil des VOMS-Systems ist, beschränkt es zwar einerseits auf ein Werkzeug zur Modellierung und Bereitstellung von VO's, andererseits wart man so auch die größtmögliche Unabhängigkeit von ressourcenspezifischen Implementierung. Betrachtet man den VOMS im Gesamtzusammenhang eines im kommerziellen Umfeld eingesetzten GRID-Systems, so kann man davon ausgehen, dass die Festlegung der Zugriffsregeln für Ressourcen ohnehin weitgehend getrennt von der Definition einer VO-Struktur geschieht. Durch die Verwendung von Attributzertifikaten wird es allerdings erst möglich, mit einfachen Methoden Informationen über eine virtuelle Organisation zu verwalten und auszuwerten. So gibt es auch keine Beschränkungen durch das VOMS-System, die den Ressourcen bei der Autorisierung auferlegt würden. Genauer untersucht werden sollte allerdings die Kombination von Definitionen in der VO und auf den lokalen Ressourcen. Es ist in einem dynamischen, hochgradig flexiblen Umfeld wichtig, das Informationen konsistent bleiben und effektiv verteilt werden können. Ein Konzept dafür fehlt im VOMS leider bisher. Die Transparenz der Informationen einer VO ist weitestgehend durch die Abfragemechanismen des VOMS-Admin-Servers gewährleistet. Durch die zuvor beschriebene Trennung der Autorisierung auf Ressource-Ebene ist es allerdings nur schwer möglich, die tatsächlichen Berechtigungen für den Ressourcenzugriff sichtbar zu machen. Lediglich die Fehlerbehandlung ist durch die Zuordnung eines Vorgangs zu dem Benutzerzertifikat gut möglich.

5.3 Zusammenfassung

In der vorliegenden Arbeit wurde einführend das GRID-System vorgestellt. Auf Grund der deutlich belegten Notwendigkeit, im Bereich der kommerziellen IT-Systeme und deren Architekturen Fortschritte hinsichtlich der Vereinheitlichung der Zugriffe und Verbesserung der Auslastung zu erzielen wurde die Anforderung aufgestellt und begründet, dass es möglich sein muss, die betrieblichen Organisationsstrukturen und Unternehmensprozesse auf ein GRID-System anzuwenden. Ausgehend von einem konkreten Business-Szenario, das die Basis der weiteren Betrachtungen bot, wurden Kriterien und Anforderungen für ein System entwickelt, welches diese Strukturen und Prozesse in einem GRID repräsentiert. Als mögliche Lösung wurde der Virtual Organisation Membership Service (VOMS) in seiner Architektur vorgestellt. Um die Eignung beurteilen zu können wurde das beschriebene Business-Szenario mit Hilfe des VOMS-Systems umgesetzt und in dieser Arbeit dokumentiert. Abschließend wurden die anfangs aufgestellten Anforderungen und Kriterien mit dem Ergebnis sowohl theoretischer als auch praktischer Betrachtungen verglichen.

Ergebnis dieses Vergleichs von Kriterien und tatsächlicher Situation ist, dass der VOMS als durchaus gut geeignet für die Modellierung und Repräsentation von virtuellen Organisationen im GRID beurteilt werden kann. Die zentralen Anforderungen sind umgesetzt bzw. durch eigene Implementierungen leicht umzusetzen. In einigen Punkten wirft bereits das Konzept noch Schwachstellen auf. So ist vor allem die vom VOMS beabsichtigte Trennung der Verwaltung der VO von der Regelung der Zugriffe auf lokale Ressourcen in der Praxis problematisch. Auch wenn dies teilweise der Natur eines GRID-Systems geschuldet ist, so ist es doch unabdingbar, dass Ressourcen und deren Zugriffsregeln fest an die Definitionen innerhalb einer VO gebunden sind. Das Konzept der Zuordnung von Rollen und Berechtigungen zu Personen und Gruppen ist zwar anwendbar, in der Praxis finden sich allerdings häufig Strukturen, die darüber hinaus gehende Mechanismen benötigen. Daraus resultierend wird eine Erweiterung vorgeschlagen, welche die Zuordnung von Personen, Gruppen, Rollen und Berechtigungen flexibilisiert. Die notwendigen Änderungen am Datenbankmodell werden im folgenden Abschnitt kurz skizziert. Kleinere Anpassungen können bei den Abfrage-Algorithmen vorgeschlagen werden. Dies lässt sich aber besser in spezialisierten Client-Implementierungen umsetzen, die auf der vorhandenen VOMS-Admin API aufsetzen und die Interfaces des VOMS-Servers nutzen.

Die vergleichsweise einfache Installation und Nutzung des VOMS-Systems sowie seine Flexibilität sprechen deutlich für den Einsatz in der Wirtschaft.

5.4 Ausblick: Modifikationen

Abgeleitet aus der Evaluation des Virtual Organisation Membership Service (VOMS) sollen an dieser Stelle kurz einige Vorschläge für die Modifikation bzw. Erweiterung des Systems angeführt werden.

Push-Mechanismus zur „Verteilung“ der Berechtigungen

Bei der momentanen Systemarchitektur des VOMS besteht eine starke Trennung zwischen Definition der virtuellen Organisation und der Autorisierung von Ressourcenzugriffen. Soll dies beibehalten werden, was durchaus als sinnvoll angesehen wird, muss es eine Möglichkeit geben, die zwischen VO und Ressourcen ausgehandelten Zugriffsregeln automatisiert zu verwalten. Denkbar ist dazu ein Push-Mechanismus, der z.B. die Informationen aus einem „gridmap-file“ oder einer anderen Abbildung auf lokale Sicherheitsmechanismen innerhalb des VOMS-Servers ablegt. Die Verarbeitung der Zugriffsregeln erfolgt weiterhin durch die Ressourcen, der VOMS wird aber in die Lage versetzt, Ressourcen bei sie betreffenden Änderungen zu benachrichtigen und innerhalb der VO-Struktur Auskunft über die tatsächlichen Berechtigungen geben zu können. Dies erhöht nicht nur die Transparenz sondern auch die Verlässlichkeit der Definition einer VO-Struktur.

Zuordnung von Berechtigungen zu Gruppen und Rollen

Um, wie in 5.1 beschrieben, die Beschränkung aufzuheben, dass Berechtigungen nur Personen zugeordnet werden können, könnte man die „M“-Tabelle abstrakter gestaltet. Dazu sollte in den Tupeln nicht die Existenz einer konkreten BenutzerID („uid“) vorgesehen sein sondern vielmehr eine universale ElementID verwendet werden. Die IDs von Personen, Gruppen, Rollen und Berechtigungen müssen dazu entweder insgesamt eindeutig sein oder man definiert zusätzlich zu der ElementID einen Elementtyp, wobei die Kombination aus ElementID und Elementtyp wiederum eindeutig sein muss. Für das Feld des Elementtyps würde man Werte aus einer Sequenz zulassen, die in einer weiteren Tabelle den Elementen „Person“, „Gruppe“ und „Rolle“ eine TypID zuweist. Dieser Vorschlag wird kurz in Tabellenform verdeutlicht.

elementMapping			
e_id	NUMBER	not null	uk fk
e_type_id	NUMBER	not null	uk fk
e_mapping_id	NUMBER	not null	uk fk
e_mappingtype_id	NUMBER	not null	uk fk
vid	NUMBER	not null	
pid	NUMBER	not null	
createdby	NUMBER	not null	
createdserial	NUMBER	not null	

elementType			
type_id	NUMBER	not null	pk
type_name	VARCHAR	not null	
z.B.: (1,"User"), (2,"Group"), (3,"Role"), ...			

elementMappingType			
mappingType_id	NUMBER	not null	pk
mappingType_name	VARCHAR	not null	
z.B.: (1,"User-Group"), (2,„User-Role"), ...			

Abbildung 11: modifizierte Datenbank-Tabellen

Anhang A
Quellen- und Literaturverzeichnis

Verwendete Quellen

[1] M. Hovestadt: Grid Computing, Projektgruppe: Do it yourself upd.de Supercomputer

[2] I. Foster,C. Kesselman, S. Tuecke: The Anatomy of the Grid - Enabling Scalable Virtual Organizations, International J. Supercomputer Applications, 2001

[3] I. Foster, C. Kesselman: Globus: A Metacomputing Infrastructure Toolkit

[4] R. Alferi, R. Cecchini, V. Ciaschini, L. del'Agnello, A. Frohner, A. Gianoli, K. Lörentey, F. Spataro: VOMS, an Authorization System for Virtual Organization

[5] R. Alferi, R. Cecchini, V. Ciaschini, L. del'Agnello, A. Frohner, K. Lörentey, F. Spataro, April 2004: From gridmap-file to VOMS: managing Authorization in a Grid environment

[6] R. Alferi, R. Cecchini, V. Ciaschini, L. del'Agnello, A. Gianoli, F. Spataro, F. Bonnassieux, P. Broadfoot, G. Loew, L. Cornwall, J. Jensen, D. Kelsey, A. Frohner, D.L. Groep, W. Som der Cerff, M. Steenbakkers, G., Venekamp, D. Kouril, A. McNab, O. Mulmo, K. Lörentey: Managing Dynamic User Communitis in a Grid of Autonomous Resources

[7] A. Frohner : DataGRID, EDG-VOMS-Admin Install Guide, Februar 2004

[8] CERN: DataGRID, EDG VOMS Administrative API, September 2003

[9] Grid Security Infrastructure, http://ww.globus.org/security

[10] R. Housley, T. Polk, W. Ford, D. Solo: Onternet X.509 Public Key Infrastructure Certificate and Certificate Revokation List (CRL) Profile, RFC 3280, 2002

[11] S. Farrel, R. Housley: An Internet Attribute Certificate Profile for Authorization, RFC 3281, 2002

[12] DataGRID Projekt, WP6, Authorisation Working Group: VOMS Architecture v1.1 draft, 09.05.2002

[13] Vincenzo Ciaschini: A VOMS Attribute Certificate Profile for Authorisation, 15.04.2004

[14] A. Frohner, K. Lörentey : DataGRID, EDG-VOMS-Admin Developer's Guide, Februar 2004

[15] Lyle J. Winton, University of Melbourne, A Simple Virtual Organisation Model and Practical Implementation

[16] A. Frohner : DataGRID, EDG-VOMS-Admin Testing Plan, Februar 2004

In einigen Fällen sind speziell genutzte Quellen den Fußnoten zu entnehmen. Sofern sie von begrenzter Bedeutung sind , werden diese hier nicht aufgeführt.

Anhang B
Abbildungsverzeichnis

Abbildungen sind aus technischen Gründen pro Kapitel nummeriert. Eine Abbildungsnummer ist also nur innerhalb eines Kapitels eindeutig. Daher werden hier beide Angaben aufgeführt. Wenn Abbildungen nicht durch den Autor erstellt sondern direkt aus anderen Quellen übernommen wurden, so ist die Quelle jeweils direkt an der Abbildung gekennzeichnet.